TOP **10**
SINGAPUR

JENNIFER EVELAND
& SUSY ATKINSON

DK

DORLING KINDERSLEY

Links **Siloso Beach** Mitte **Orang-Utans im Singapore Zoo** Rechts **Esplanade**

Ein Dorling Kindersley Buch

www.dk.com

Produktion *Quadrum Solutions, Krishnamai, 33B, Sir Pochkanwala Road, Worli, Mumbai, Indien*
Texte *Jennifer Eveland, Susy Atkinson*
Fotografien *Tony Souter*
Kartografie *Suresh Kumar*
Redaktion & Gestaltung
Dorling Kindersley London

© 2009 Dorling Kindersley Ltd., London
Zuerst erschienen 2009 bei
Dorling Kindersley Ltd., London
A Penguin Company

Für die deutsche Ausgabe:
© 2009 Dorling Kindersley Verlag GmbH, München

Aktualisierte Neuauflage 2010

Alle Rechte vorbehalten. Reproduktion, Speicherung in Datenverarbeitungsanlagen, Wiedergabe auf elektronischen, fotomechanischen oder ähnlichen Wegen, Funk und Vortrag – auch auszugsweise – nur mit schriftlicher Genehmigung des Copyright-Inhabers.

Programmleitung *Dr. Jörg Theilacker, Dorling Kindersley Verlag*
Projektleitung *Birgit Walter, Dorling Kindersley Verlag*
Übersetzung *Annika Schroeter, München*
Redaktion *Birgit Lück, Augsburg*
Schlussredaktion *Grit-Uta Müller, München*
Satz & Produktion *Dorling Kindersley Verlag*
Lithografie *Colourscan, Singapur*
Druck *Leo Paper Products Ltd., China*

ISBN 978-3-8310-1459-0
1 2 3 4 12 11 10 09

Die Top-10-Listen in diesem Buch sind nicht nach Rängen oder Qualität geordnet. Alle zehn Einträge sind in den Augen des Herausgebers von gleicher Bedeutung.

Inhalt

Top 10 Singapur

Highlights	6
National Museum of Singapore	8
Singapore River	10
Thian Hock Keng Temple	12
Sultan Mosque	14
Sri Veeramakaliamman Temple	16
Singapore Botanic Gardens	18
Singapore Zoo & Night Safari	20
Singapore Flyer	22
Raffles Hotel	24
Sentosa	26
Historische Ereignisse	30
Volksgruppen	32
Architektur	34
Museen	36
Gotteshäuser	38
Stätten des Zweiten Weltkriegs	40

**Die Informationen in diesem
Top-10-Reiseführer werden regelmäßig überprüft.**

Wir haben uns intensiv bemüht, die Informationen in diesem Buch zum Zeitpunkt der Drucklegung auf den neuesten Stand zu bringen. Angaben wie Telefonnummern, Öffnungszeiten, Preise, Ausstellungen und Fahrpläne unterliegen jedoch Veränderungen. Der Herausgeber kann für eventuell hieraus entstehende Schäden nicht haftbar gemacht werden. Für Hinweise, Verbesserungsvorschläge und Korrekturen ist der Verlag dankbar.
Bitte richten Sie Ihr Schreiben an:
Dorling Kindersley Verlag GmbH
Redaktion Reiseführer
Arnulfstraße 124
80636 München

DK in Deutschland **www.dorlingkindersleyverlag.de**

Links **Laternen im Thian Hock Keng Temple** Mitte **Chinesischer Garten** Rechts **Elgin Bridge**

Nationalparks & Gärten	42	**Reise-Infos**	
Religiöse Feste	44	Reisevorbereitung	104
Theater & Kulturzentren	46	Anreise	105
Shopping Malls	48	In Singapur unterwegs	106
Attraktionen für Kinder	50	Information	107
Wellness-Oasen	54	Singapur für wenig Geld	108
Hawker Centers & Food Courts	56	Geld & Kommunikation	109
Restaurants	58	Sicherheit & Gesundheit	110
Bars & Lounges	60	Touren	111
Clubs & Discos	62	Vorsicht!	112
Stadtteile		Hotel- & Restaurant-Tipps	113
Chinatown	66	Hotels	114
Little India & Kampong Glam	74	Textregister	120
Colonial District	84		
Orchard Road	90		
Abstecher	96		

Inhalt

Links **Underwater World** Rechts **Statue des Sir Thomas Stamford Raffles**

 Besucherinformationen zu Singapur **www.visitsingapore.de**

TOP 10 SINGAPUR

Highlights
6–7

National Museum of Singapore
8–9

Singapore River
10–11

Thian Hock Keng Temple
12–13

Sultan Mosque
14–15

Sri Veeramakaliamman Temple
16–17

Singapore Botanic Gardens
18–19

Singapore Zoo & Night Safari
20–21

Singapore Flyer
22–23

Raffles Hotel
24–25

Sentosa
26–27

Top 10 in der Stadt
30–63

TOP 10 **Highlights**

Singapur, Drehkreuz zwischen Ost und West, bietet einen spannenden Mix aus Kultur und Geschichte. Auf den ersten Blick wirkt die Stadt mit ihren Wolkenkratzern hochmodern, doch bei näherem Hinsehen offenbart sich ihr östliches und europäisches Erbe. Die vornehmen klassizistischen Bauten des Colonial District stehen Seite an Seite mit den ethnisch geprägten Vierteln Chinatown, Little India und Kampong Glam, dazwischen bahnt sich der Singapore River seinen Weg. Die vielschichtige Stadt lockt mit Traditionen und Modernität.

National Museum of Singapore
Die beste Einführung in das kulturell so vielfältig geprägte Singapur gibt das kürzlich renovierte National Museum *(links)*, indem es Geschichte mit multimedialen Mitteln veranschaulicht *(siehe S. 8f).*

Singapore River
Der Singapore River war einst die Lebensader der frühen Siedler. Heute säumen ihn zahllose Restaurants und Freizeitanlagen, die meist in alten Lagerhäusern untergebracht sind. Der Fluss ist am besten an Bord eines Bumboats *(rechts)* zu erkunden *(siehe S. 10f).*

Thian Hock Keng Temple
Singapurs ältester chinesisch-taoistischer Tempel *(oben)* zählt mit Recht zu den schönsten der Stadt. Seit 1839 ist er ein wichtiges kulturelles Wahrzeichen für die dortige chinesische Gemeinde. Er ist zudem ein guter Ausgangspunkt für einen Streifzug durch Chinatown *(siehe S. 12f).*

Sultan Mosque
Die Sultan-Moschee erhebt sich mit ihren Zwiebeltürmen *(links)* über Kampong Glam, dem muslimischen Viertel der Stadt. Der Bau vereint persische, maurische und türkische Elemente. Er ist das Zentrum der Muslime Singapurs *(siehe S. 14f).*

Vorhergehende Doppelseite
Wolkenkratzer am Singapore River mit Anderson Bridge

Top 10 Singapur

Sri Veeramakaliamman Temple
Statuen von Hindugöttern drängen sich auf dem Tempeldach *(oben)* und wachen über Little India. Der 1881 erbaute Tempel ist Vinayagar, Viswanathan und Kali gewidmet. Er zählt zu den ältesten Singapurs *(siehe S. 16f)*.

Singapore Botanic Gardens
Unweit des Stadtzentrums erstreckt sich der wunderschön gepflegte Botanische Garten *(rechts)*. Besonders schön ist es dort am frühen Morgen, wenn es noch nicht so heiß ist *(siehe S. 18f)*.

Singapore Zoo & Night Safari
Der preisgekrönte Zoo ist das ganze Jahr über einen Besuch wert – für Kinder wie für Erwachsene. Die Night Safari *(links)* ist weltweit die erste Möglichkeit, nachtaktive Tiere im nahezu natürlichen Lebensraum zu beobachten *(siehe S. 20f)*.

Singapore Flyer
Das größte Riesenrad der Welt *(rechts)* ragt hoch über Marina Bay auf. Es bietet eine unglaubliche Aussicht auf den Singapore River und das nahe gelegene Colonial District bis hin zu den vorgelagerten Inseln weit draußen im Meer *(siehe S. 22f)*.

Raffles Hotel
Das vornehme Hotel *(unten)* repräsentiert die Romantik der Kolonialzeit, in der Singapur entstand. Es steht aber auch für das Streben nach Luxus, wie er hier in Vollendung herrscht. Das Hotel verfügt über ein eigenes Museum *(siehe S. 24f)*.

Sentosa
Die Insel *(oben)* mit Wellness- und Ferienanlagen, Sportmöglichkeiten zu Land und zu Wasser und vielen anderen Attraktionen für jedes Alter ist ein beliebter Tummelplatz Singapurs *(siehe S. 26f)*.

*Viel Wissenswertes über Singapur und seine Sehenswürdigkeiten finden Sie auch unter **www.singapur-guide.de***

National Museum of Singapore

Die koloniale Pracht des National Museum wurde 1887 zu Queen Victorias goldenem Thronjubiläum enthüllt und spiegelt die Souveränität des British Empire wider. Seit der Unabhängigkeit Singapurs 1965 widmet man sich hier ganz der Landesgeschichte und -kultur. An das restaurierte Originalgebäude schließt heute ein moderner Trakt an, der mit Glas und Stahl einen scharfen Kontrast dazu bildet. Mit kreativem Einsatz von Design, Licht und interaktiven Elementen wird die Geschichte Singapurs erzählt.

Videoinstallationen in den Living Galleries

Top 10 Ausstellungen
1. Architektur & Design
2. Glaspassage
3. Multimedia-Ausstellungen
4. Singapore History Gallery
5. Gallery Theatre
6. Singapore Living Galleries
7. Fashion Gallery
8. Film & Wayang Gallery
9. Food Gallery
10. Photography Gallery

- Der Eintritt in die Singapur Living Galleries ist täglich zwischen 18 und 20 Uhr frei.

- Die verschiedenen Cafés, Bars und Restaurants des Hauses bieten Snacks sowie chinesische und europäische Gerichte.

- Karte L1
- 93 Stamford Rd.
- 6332-3659
- tägl. 10–18 Uhr (Singapore Living Galleries bis 20 Uhr)
- Eintritt 10 S$ (ermäßigt 5 S$), Kinder bis 6 Jahre frei
- für Rollstühle geeignet
- www.nationalmuseum.sg

1 Architektur & Design
Der nach den Plänen von Sir Henry McCallum 1887 errichtete neopalladianische Bau *(oben)* erhielt 2006 einen modernen Anbau, durch den die Kapazität des Museums mehr als verdoppelt wurde.

2 Glaspassage
Die Konstruktion der Glaspassage ist eine architektonische Meisterleistung und eine optisch eindrucksvolle Verbindung zwischen Alt und Neu. Sie erlaubt einen genauen Blick auf die alte Kuppel mit den Buntglasfenstern.

3 Multimedia-Ausstellungen
Das Haus setzt auf Interaktion. So wartet die Singapore History Gallery *(links)* mit Soundeffekten auf, während es in der Food Gallery nach Obst und Gewürzen aus der Küche Singapurs duftet.

John Singer Sergeants Porträt von Sir Frank Swettenham in der Singapore History Gallery ist über vier Millionen S$ wert.

Singapore History Gallery
Ein gewundener Pfad führt zum letzten Fragment des Singapur-Steins *(unten)* aus dem 14. Jahrhundert *(siehe S. 11)*. Keramik, Schmuck und Münzen zeugen vom Handel vor der Ankunft Stamford Raffles'.

Gallery Theatre
In dem 250 Plätze umfassenden Saal werden regelmäßig Filme, Theateraufführungen und Retrospektiven gezeigt.

Singapore Living Galleries
Fashion Gallery, Film & Wayang Gallery, Food Gallery und Photography Gallery sind die vier interessanten Dauerausstellungen im alten Flügel. Auf dem Weg dahin können Besucher die restaurierten Buntglasfenster *(unten)* der Kuppel bestaunen.

Fashion Gallery
Dieser Raum befasst sich mit dem Shopping-Fieber der Singapurer. Darüber hinaus wird die Rolle der Kleidung in dem sich wandelnden Nationalgefühl der Menschen in Singapur beleuchtet.

Film & Wayang Gallery
Drei Bildschirme zeigen hier interessante Ausschnitte aus dem frühen Kino Singapurs. In einem der Räume sind Kostüme und Haarschmuck aus chinesischen Opern und ein Puppentheater (Wayang) ausgestellt.

Food Gallery
Die Ausstellung erläutert, wie das Land die Kochtraditionen seiner Einwanderer absorbiert hat. Gerichte wie *roti prata* (indisches Fladenbrot mit Sauce) und *nasi lemak* (malaysischer Kokosnussreis) sind kulinarische Ergebnisse des Kulturenmixes.

Top 10 Singapur

Legende
- Untergeschoss
- Erdgeschoss
- Erster Stock
- Zweiter Stock

Photography Gallery
Hundert Jahre Singapurer Geschichte werden anhand von Hochzeits- und Familienfotos *(links)* sowie Amateurfilmen illustriert. In diesem Ausstellungsraum ist auch die älteste bekannte Fotografie von Singapur zu sehen. Sie stammt von 1844.

Renovierung & Erweiterung
An der Museumskuppel zeigt sich die sorgfältige Renovierung der Jahre 2004/2005 besonders deutlich. Die viktorianischen Buntglasfenster wurden restauriert und stabilisiert. Im neuen Flügel dauerte allein die Planung der Glaspassage ein volles Jahr. Das Ergebnis wird als perfekte Verbindung kontrastierender Architekturstile gefeiert. Ein Team von Kuratoren sorgt laufend für neue Exponate und Ausstellungen.

 Das Museum bietet auch Lesungen, Workshops und verschiedene Veranstaltungen für Kinder an **www.nationalmuseum.sg**

Top 10 Singapur

🔝10 **Singapore River**

Der Singapore River, Mittelpunkt der Stadt, fließt vorbei an den Godowns (Lagerhäusern) der 1920er Jahre, den Bars und Restaurants von Clarke Quay und den Wolkenkratzern des Financial District. Der Fluss mit dem natürlichen Hafen war das Erste, was den Stadtgründer Sir Thomas Stamford Raffles einst anzog. Beim Spaziergang entlang den Ufern kann man einige Wahrzeichen Singapurs bewundern. Noch besser geht das von Bord eines Bumboats, die sich früher in großer Zahl um den Boat Quay drängten. Auch wenn der Singapore River nicht mehr die wirtschaftliche Hauptschlagader der Stadt darstellt, ist er doch seit seiner Säuberung 1987 wieder ihr emotionales Zentrum.

Elgin Bridge

🚤 Bumboats mögen touristisch sein, bieten aber die beste Sicht auf die Skyline der Stadt.

🍴 Die Terrasse des Indo-Chine Waterfront Restaurant *(siehe S.58)* beim Asian Civilisations Museum bietet herrliche Blicke auf Boat Quay und Central Business District. Sie ist entsprechend gut besucht.

• *Flussfahrten: Raffles Landing Site (Karte L3); Erwachsene 13/18 S$, Kinder 8/10 S$; www.rivercruise.com.sg*
• *Asian Civilisations Museum: 1 Empress Place (Karte M3); 6332-2982; Mo 13–19 Uhr, Di–So 9–19 Uhr (Fr bis 21 Uhr); Eintritt 8 S$ (erm. 4 S$); www.acm.org.sg*
• *Old Parliament House: 1 Old Parliament Lane (Karte M3); 6332-6900; tägl. 10–21 Uhr; Eintritt bei Veranstaltungen; www.theartshouse.com.sg*

Top 10 Flussflair

1. Raffles Landing Site
2. Merlion
3. Cavenagh Bridge
4. Asian Civilisations Museum
5. Old Parliament House
6. Boat Quay
7. Elgin Bridge
8. Clarke Quay
9. G-MAX Reverse Bungy, GX-5 Xtreme Swing
10. Robertson Quay

1 Raffles Landing Site
Eine Marmorstatue *(unten)* kennzeichnet die Stelle, an der Sir Thomas Stamford Raffles an Land ging. Sie ist eine Nachbildung der Bronze, die vor der Victoria Theatre & Concert Hall steht. Im Norden liegt das Colonial District, im Süden ragen die Türme des Geschäftsviertels empor.

2 Merlion
Halb Fisch, halb Löwe symbolisiert der Merlion die Einheit von Löwenstadt und Meer. Er bewacht den Fluss wie ein antikes mythisches Wesen, wurde aber erst 1964 vom Singapore Tourist Board erschaffen. Die jetzige Statue wurde 1972 enthüllt.

3 Cavenagh Bridge
Die in Glasgow konstruierte Zugbrücke wurde nach einem früheren Gouverneur von Singapur benannt und ist heute Fußgängerzone. Ein Schild aus viktorianischer Zeit verwehrt Kühen und Pferden den Zutritt.

➡️ *Halten Sie an der Cavenagh Bridge nach den Bronzestatuen von Kindern und Singapurer Straßenkatzen Ausschau.*

Asian Civilisations Museum
Das 1867 erbaute ehemalige Regierungsgebäude wurde Anfang des 20. Jahrhunderts in Empress Place Building umbenannt. 2003 eröffnete hier das Asian Civilisations Museum *(siehe S. 36)*.

Old Parliament House
Singapurs ältestes Gebäude *(links)* wurde 1827 errichtet und 1965, nach erlangter Unabhängigkeit des Landes, zum Parliament House *(siehe S. 85)*.

Boat Quay
Seit chinesische Kaufleute hier ab 1820 ihre ersten Godowns bauten, herrscht am Kai *(unten)* Hochbetrieb. Heute sind es weniger die Boote als die Bars und Restaurants, die für Leben sorgen.

Elgin Bridge
Eine Zugbrücke aus Holz war 1822 der einzige Weg über den Fluss. Die heutige Brücke von 1929 ist nach dem Grafen Elgin benannt, in den 1960er Jahren Generalgouverneur von Indien.

Clarke Quay
Singapurs beliebteste Ausgehmeile Clarke Quay ist das größte Sanierungsprojekt der Stadt. Stilvoll restaurierte Godowns *(unten)* bilden nun den Rahmen für eine Ansammlung angesagter Uferbars und Restaurants.

G-MAX Reverse Bungy, GX-5 Xtreme Swing
Adrenalin-Junkies können hier eine ganz andere Sicht auf das Colonial District genießen. Doch Bungyjumping ist tatsächlich nur etwas für Leute mit starken Nerven.

Robertson Quay
Mit dem wachsenden Handel wurden Sümpfe flussaufwärts trockengelegt, um Godowns und den Robertson Quay zu bauen. Heute ist die Gegend von schicken Restaurants, Bars und Galerien geprägt.

Singapur-Stein
Das Stück Sandstein mit Inschrift, das im National Museum liegt, gibt Fachleuten noch immer Rätsel auf. Es stammt von einem Felsen, den man 1819 an der Flussmündung entdeckte. Die 50-zeilige Inschrift konnte bis heute nicht entziffert werden. Der Fels wurde 1843 auf Geheiß eines britischen Ingenieurs gesprengt. Das im Museum ausgestellte Fragment ist alles, was davon verblieben ist *(siehe S. 9)*.

Zu Flussfahrten auf dem Singapore River **siehe S. 111**

Top 10 Singapur

Thian Hock Keng Temple

Der 1839 erbaute Tempel ist einer der ältesten chinesischen Tempel in Singapur. Seefahrer errichteten ihn zu Ehren der Göttin Ma Zu, die ihr Leben für die sichere Überfahrt der Seefahrer geopfert haben soll. Der durch Privatspenden wie die des Hokkien-Führers Tan Tock Seng finanzierte Bau ist ganz im südchinesischen Stil gehalten. Er steht traditionell auf einer Nord-Süd-Achse und enthält Heiligtümer verschiedener Gottheiten. Im Jahr 2000 wurde das Gotteshaus renoviert.

Chung Wen Pagode

Ma Zu, Wächterin der Südlichen Meere

Top 10 Details

1. Stufe
2. Konstruktion
3. Türbemalungen
4. Decke
5. Ahnentafeln
6. Ma Zu, Wächterin der Südlichen Meere
7. Guan Yin, Göttin der Gnade
8. Konfuzius-Statue
9. Statue des Chen Zhi Guang
10. Chong Hock Girls' School

Im Thian Hock Keng werden Feste wie das Chinesische Neujahr und die Geburtstage von Guan Yin und Ma Zu mit Gebeten, traditioneller Musik und Tanz gefeiert. Da alle chinesischen Feiertage dem Mondkalender folgen, sollte man im Tempel nach dem Termin fragen.

Ein beliebtes Hawker Center (ein Markt mit Imbissständen) an der Telok Ayer Street bietet einheimische Speisen, Obst und Kaltgetränke an.

- Karte L4
- 158 Telok Ayer Street
- 6423-4616
- tägl. 7.30–17.30 Uhr
- www.thianhockkeng.com.sg

1 Stufe
Ursprünglich stand der Tempel am Fluss, doch zunehmende Landgewinnung hat ihn vom Wasser abgeschnitten. Die Stufe diente früher als Schutz vor den Gezeiten, die seine Fundamente umspülten.

2 Konstruktion
Handwerker aus Südchina bauten den Tempel *(oben)* auf traditionelle Weise ohne die Verwendung von Nägeln. Das gesamte Baumaterial wurde aus China importiert, darunter auch Eisenholz für die Säulen und Keramik für die üppigen Dachmosaiken.

3 Türbemalungen
Die Malereien auf der Tür stellen Glück verheißende Kreaturen dar *(oben)*. Nach dem Taoismus beschützen sie den Tempel. Ein Brett über der Schwelle hält böse Geister fern und verlangt demütige Haltung.

4 Decke
Für die Renovierung des Tempels im Jahr 2000 kamen Künstler aus China. Sie restaurierten die Schnitzereien an der Decke unter dem Hauptaltar, erneuerten das Blattgold und frischten die Malereien auf.

In der Pagode war früher die erste chinesische Schule Singapurs untergebracht.

Ahnentafeln

Im Einklang mit der taoistischen Tradition der Ahnenverehrung werden die Ahnentafeln *(oben)* mit den Namen und Lebensdaten der Verstorbenen regelmäßig mit Opfern in Form von Räucherstäbchen, Speisen und Gebeten bedacht.

Ma Zu, Wächterin der Südlichen Meere

In der Haupthalle befindet sich ein Bildnis der Meeresgöttin Ma Zu. Sie wurde 960 in Chinas südlicher Provinz Fujian geboren und riskierte ihr Leben für Fischer und Seefahrer.

Guan Yin, Göttin der Gnade

Der kleine Hof hinter dem Hauptaltar gehört Guan Yin, der Göttin der Gnade *(oben)*. Sie soll das *nirvana* abgelehnt haben, um auf der Erde Armen und Bedürftigen zu helfen.

Konfuzius-Statue

Konfuzius *(unten)*, der große chinesische Denker (551–497 v. Chr.), entwickelte ein soziales Wertesystem, das Bildung, Selbstdisziplin, Respekt vor der Familie und politische Verantwortung propagierte. Es prägt die chinesische Gesellschaft bis heute.

Statue des Chen Zhi Guang

Der chinesische Gouverneur aus dem 8. Jahrhundert trieb Wirtschaft und Lebensstandard so erfolgreich voran, dass das Hokkien-Volk ihn als Gott verehrte.

Chong Hock Girls' School

Der Tempel barg einst eine der ersten Mädchenschulen Singapurs, finanziert vom Hokkien-Verband Huay Kuan. Solche Clans waren das Rückgrat der chinesischen Gemeinde.

Etikette

Wie in allen Gotteshäusern gilt es auch hier, die religiöse Hingabe der Gläubigen zu respektieren. Das Fotografieren ist erlaubt, nicht aber, Altargegenstände zu berühren. Anders als in Hindu-Tempeln und in Moscheen ist die Kleiderordnung eher locker, auch Shorts und ärmellose Tops sind erlaubt. Außerdem darf man chinesische Tempel mit Schuhen betreten.

Chinesen in Singapur siehe S. 32

Sultan Mosque

Die Sultan Mosque, auch bekannt als Masjid Sultan, liegt mitten im muslimischen Viertel. Das Gebiet wurde 1819 dem Malaiensultan von Johor und Temenggong (Oberhaupt) von Singapur zugesprochen. 1824 entstand hier die erste Moschee. Da die East India Company Mitbegründer war, erinnerte ihre Bauweise mit pyramidenähnlichem Dach an den in Ostasien typischen Stil. Hundert Jahre später war sie so verfallen, dass man eine neue plante. Mit dem Entwurf wurde der irische Architekt Denis Santry von Swan & Maclaren betraut. Dieses in Singapur ansässige Architekturbüro zeichnet für zahlreiche bedeutende Bauten der Stadt verantwortlich.

Die königlichen Gräber im maqam hinter der Moschee

Top 10 Sehenswert

1. Architektur
2. Flaschenband
3. Kuppeln
4. Ausrichtung des Baus
5. Waschbereiche
6. Gebetshalle
7. Minbar
8. Mihrab
9. Maqam
10. Anbau

Während des Fastenmonats Ramadan füllen sich die Straßen rund um die Moschee nach Sonnenuntergang mit Imbissbuden, die köstliche malaiische Spezialitäten anbieten.

Türkischen oder malaiischen Tee und frischen Limonensaft bekommen Sie in einem der Cafés in der schattigen, von Palmen gesäumten Bussorah Mall gegenüber der Moschee.

- Karte H5
- 3 Muscat Street
- 6293-4405
- Mo–Do 9–12.30 & 14–16 Uhr, Fr–So 14.30–16 Uhr

Architektur

Die Sultan-Moschee wurde im sarazenischen Stil erbaut. Sie vereint persische, maurische und türkische Elemente wie Spitzbogen, Minarette und Kuppeln. Den Innenraum schmücken kalligrafische Suren und Mosaike.

Flaschenband

Die Hauptkuppel der Moschee weist eine architektonische Besonderheit auf: Ihren Sockel ziert ein breites schwarzes Band aus übereinander geschichteten Glasflaschen. Die Böden der Flaschen glitzern gleich unzähliger schwarzer und brauner Juwelen in der Sonne.

Kuppeln

Die Tradition, Moscheen mit Zwiebeltürmen zu versehen, kommt aus der Türkei und dem Nahen Osten. Inmitten der flachen Bauten ist das Gotteshaus so ein unverwechselbares Wahrzeichen. Die goldene Kuppel *(links)* krönen Stern und Halbmond – die traditionellen Symbole des Islam.

Ausrichtung des Baus

Wie bei den meisten Moscheen weist die Gebetshalle gen Mekka. Um die ideale Ausrichtung zu ermöglichen, wurde die North Bridge Road in einer Kurve um die Sultan Mosque herumgeführt.

Masjid Sultan – oder Sultan Mosque – ist die größte und bedeutendste Moschee Singapurs **siehe S. 76f**

Waschbereiche
An zwei Stellen gibt es Waschgelegenheiten für Gläubige. Die rituelle Waschung *wudhu (oben)* soll vor dem Gebet Körper und Seele reinigen.

Gebetshalle
Die Gebetshalle *(Mitte)* bietet Platz für 5000 Gläubige. Sie ist einzig den Männern vorbehalten, Frauen halten sich auf der Galerie auf. Der Teppich der Halle war das Geschenk eines saudi-arabischen Prinzen und zeigt sein Wappen.

Minbar
Am Freitag, dem heiligen Tag der Muslimen, hält der *imam* (Vorbeter) seine *khutba* (Predigt) in der für gewöhnlich brechend vollen Gebetshalle von dieser reich verzierten Kanzel *(unten)* aus. Der *minbar* dient allein der Freitagspredigt.

Mihrab
Der *mihrab* ist eine gen Mekka ausgerichtete Nische, von der aus der *imam* fünfmal täglich das Gebet der Gläubigen anführt. Die Nische ist von Motiven umrahmt und symbolisiert den Eingang zur Heiligen Stadt.

Maqam
Im hinteren Teil der Moschee befindet sich der *maqam*, ein Mausoleum für bedeutende Gemeindemitglieder wie den Enkel Sultan Husseins. Hussein war es, der Singapur 1819 an Sir Thomas Stamford Raffles übergab.

Anbau
Moscheen dienen Muslimen in mehrfacher Weise – sie bieten Raum für Schulen, religiöse Feste und Spendensammlungen. Für die hiesige muslimische Gemeinde erfüllt diesen Zweck seit 1993 ein Anbau *(links)* der Sultan Mosque.

Etikette
Nicht-Muslime dürfen die Moschee, nicht aber die Gebetshalle betreten. Besucher können jedoch von den Gängen und Höfen, die die Halle umgeben, einen Blick hineinwerfen. Angemessene Kleidung meint vor allem lange Hosen oder Röcke und ausreichend bedeckte Schultern. Für Besucher, die nicht passend gekleidet sind, stehen Umhänge bereit. Schuhe werden vor dem Eintritt in die Moschee ausgezogen.

 Weitere Gotteshäuser in Singapur **siehe S. 38f**

Sri Veeramakaliamman Temple

Mitte des 19. Jahrhunderts bauten indische Arbeiter im heutigen Little India einen kleinen Hindu-Tempel. Der unscheinbare Bau wurde 1983 abgerissen, um Platz für einen größeren zu schaffen. Handwerker aus Indien arbeiteten drei Jahre an dem immens teuren Projekt. Der Sri Veeramakaliamman Temple ist der Göttin Kali gewidmet. Darum verlassen Hindus, die hier gebetet haben, den Tempel mit roter Asche auf der Stirn; wer in Tempeln für männliche Gottheiten betet, erhält ein Mal aus weißer Asche. Der Tempel ist einer der ältesten Singapurs und wird von den hier ansässigen Indern stark frequentiert.

Bildnis der Göttin Kali

- Zu *Deepavali (siehe S. 45)*, dem höchsten Feiertag der in Singapur lebenden Hindus, ist der Tempel von winzigen Kerzen erleuchtet. Sie symbolisieren das ewige Licht der Seele.

- Dem Tempel gegenüber liegt der Norris Road Coffee Shop. Dort kann man zusehen, wie *chapati* (indisches Fladenbrot) zubereitet wird, und es dann zu preisgünstigen Currys genießen.

- Karte F3
- 141 Serangoon Road
- 6295-4538
- tägl. 5.30–12 & 16–21 Uhr
- www.sriveeramakali amman.com

Top 10 Eindrücke

1. Kali
2. Gopuram
3. Kokosnussknacken
4. Muruga
5. Dachfiguren
6. Altar der Neun Planeten
7. Ganesh
8. Sri Periachi
9. Waschung der Gottheiten
10. Sri Lakshmi Durgai

Kali
Die Göttin nimmt den zentralen Platz am Hauptaltar ein. Als die göttliche Mutter repräsentiert sie den Kreis des Lebens von der Geburt bis zum Tod. Der Name ist Sanskrit und bedeutet »Unendliche Zeit«. Sie verkörpert auch den Kampf gegen das Böse.

Gopuram
Unzählige Götterfiguren reihen sich über dem Haupttor, dem *gopuram* (Mitte). Gläubige, die an Feiertagen keinen Platz mehr im Tempel finden, erweisen dann diesen ihre Ehre.

Kokosnussknacken
Bevor gläubige Hindus den Tempel betreten, zertrümmern sie Kokosnüsse *(links)* in einer kleinen Metallkiste. Symbolisch werden damit Hindernisse zerschlagen, die die spirituelle Konzentration stören. In die Nüsse sind »Augen« eingeritzt. Sie »erkennen« die Hindernisse, die aus dem Weg geräumt sollen.

Der Name Veeramakaliamman bedeutet »Kali, die Mutige«.

Muruga
Der sechsköpfige Kriegsgott Muruga soll jenen, die ihn anbeten, großen Erfolg bringen. Die Gottheit wird vorwiegend von Tamilen verehrt, die auch die Mehrheit der indischen Bevölkerung Singapurs bilden.

Dachfiguren
Geschnitzte Figuren auf dem Dach des Haupttempels erzählen Geschichten der Hindu-Überlieferung, etwa wie Ganesh *(unten)* zu seinem Elefantenkopf kam.

Altar der Neun Planeten
Auf dem Altar *(links)* sind alle neun Planeten dargestellt. Gläubige beten hier zu ihrem Sternzeichen. Schmuckläden der Gegend bieten Ringe mit neun nach Sternzeichen angeordneten Steinen.

Top 10 Singapur

Ganesh
Der elefantenköpfige Ganesh *(unten)* ist die meistverehrte Gottheit der Hindus. Als Beseitiger von Hindernissen wird er zu Beginn eines Gebets angerufen, um den Kopf frei zu machen. Anhänger konsultieren ihn auch, wenn Veränderungen anstehen.

Sri Periachi
In einer Ecke des Komplexes thront die Statue der grimmigen Sri Periachi *(oben)*. Die drastisch blutige Darstellung erscheint widersprüchlich – ist sie doch die Göttin der Fruchtbarkeit, der sicheren Geburt und der Gesundheit von Neugeborenen.

Waschung der Gottheiten
Rechts vom Hauptaltar nimmt ein kleiner Ausguss das Wasser auf, das die Gottheiten beim morgendlichen Reinigungsritual *(unten)* benetzt. Das Wasser gilt als heilig und wird bei der Andacht verwendet.

Sri Lakshmi Durgai
Während viele Darstellungen von Hindu-Gottheiten sehr aggressiv wirken, erscheint Sri Lakshmi Durgai stets schön und anmutig. Der Glaube der Hindus besagt, dass die drei Augen und 18 Arme der Göttin all jenen Frieden und Freude bringen, die sie anbeten.

Etikette
Besucher müssen ihre Schuhe vor dem Betreten des Tempels ausziehen und angemessene Kleidung tragen, die Schultern und Beine bedeckt. In der indischen Kultur gilt die linke Hand als unrein. Deswegen ist es unhöflich, damit auf eine Person oder einen heiligen Gegenstand zu zeigen. Wenn Sie auf etwas zeigen, benutzen Sie die offene rechte Hand. Schalten Sie Ihr Handy aus, bevor Sie eintreten.

 Ein weiterer Hindu-Tempel in Singapur ist der Sri Thandayuthapani Temple siehe S. 39

Singapore Botanic Gardens

Der weitläufige Park ist einer der schönsten botanischen Gärten Südostasiens. Pfade schlängeln sich durch eine Tropenlandschaft, die die Lebensräume und Artenvielfalt der Region repräsentiert. Neben von Siegelwachspalmen und Frangipanis gesäumten Alleen gibt es hier auch ausgedehnte Hangwiesen mit Bäumen und Skulpturen. An Wochenenden zieht der Botanische Garten viele Familien, Jogger und Hundebesitzer an. Unter der Woche ist er eine Oase der Ruhe inmitten der Stadt. Der Park wurde 1859 als Lustgarten angelegt, diente aber auch schon dem gewerblichen Anbau von Gewürzen und Kautschuk.

Spannender Spaß im Jacob Ballas Children's Garden

- Das Singapore Symphony Orchestra gibt im Amphitheater gelegentlich kostenlose Freiluftkonzerte. Informationen bietet das Visitor Centre oder www.sbg.org.sg.

- Der Park verfügt über viele Imbissbuden und Restaurants. Das vom Grün des Ginger Garden umgebene Halia *(siehe S. 101)* ist ein schöner Ort für ein Mittagessen.

- Karte S2
- Cluny Road
- 6471-7361
- tägl. 5–24 Uhr
- Eintritt nur für National Orchid Garden
- National Orchid Garden: tägl. 8.30–19 Uhr; Eintritt 5 S$ (erm. 1 S$), Kinder unter 12 Jahren frei
- Jacob Ballas Children's Garden: 8–19 Uhr, Mo geschl.; für Kinder bis 12 Jahre in Begleitung eines Erwachsenen
- www.sbg.org.sg

Top 10 Pflanzenpracht

1. National Orchid Garden
2. Vanda Miss Joaquim
3. Marsh Garden
4. Spice & Herb Garden
5. Skulpturen
6. Regenwald
7. Seen
8. Sundial Garden
9. Ginger Garden
10. Jacob Ballas Children's Garden

National Orchid Garden
In diesem schönen Bereich, der über 1000 Orchideenarten und 200 Hybriden aufweist, stecken rund 80 Jahre Arbeit. Die Hybriden sind nach Prominenten, königlichen Besuchern und politischen Verbündeten benannt *(siehe S. 42)*.

Vanda Miss Joaquim
Bis heute ist nicht klar, ob Miss Agnes Joaquim diese Kreuzung in den Farben Rosa, Lila und Orange 1893 entdeckte oder züchtete. Jedenfalls wurde die zauberhafte Orchidee *(links)* 1981 zur Nationalblume Singapurs gekürt.

Marsh Garden
Dieser Sumpfbereich zeigt wunderbare Wasserpflanzen. In einer natürlichen Senke wurde ein Teich angelegt, in dem Seerosen *(rechts)*, Papyrus, siamesische Schraubenbäume und die einheimische Siegelwachspalme gedeihen.

➜ Im Park befindet sich auch die Library of Botany and Horticulture (9–15 Uhr, Sa & So bis 13 Uhr) mit gut sortiertem Buchladen.

Spice & Herb Garden

Dieser faszinierende Garten verströmt herrliche Düfte. Gewürze waren die Grundlage der frühen Handelsaktivitäten Singapurs. Man findet hier Zimt, Nelken, Muskat, Pfeffer, Zitronengras und mehrere Ingwersorten.

Skulpturen

In der Nähe des Musikpavillons stehen mehrere Skulpturen von Sydney Harpley. Zu den beliebtesten gehören *Freude (links)*, *Mädchen auf dem Fahrrad*, das auf einer Hecke entlangzufahren scheint, und das hoch schwingende *Mädchen auf der Schaukel*.

Regenwald

Die Gartenplaner würdigten die Bedeutung des einheimischen Waldes, indem sie einen Teil des Regenwaldes erhielten. Die uralten Bäume in diesem Bereich *(oben)* gedeihen bis heute.

Seen

Der Park umfasst drei Seen. Der Swan Lake ist nach seinen australischen Schwänen benannt. Am Eco Lake tummeln sich Enten und Reiher. Das Singapore Symphony Orchestra tritt am Symphony Lake *(oben)* auf.

Sundial Garden

Der streng angelegte Formgarten *(Mitte)* hat seinen Namen von der Sonnenuhr in seiner Mitte, die von vier symmetrischen Becken umrahmt wird. Der Ort ist eine beliebte Kulisse für Hochzeitsfotos.

Ginger Garden

Hier wachsen nicht nur über 250 verschiedene Arten Ingwer, es sind auch andere Zier- und Nutzpflanzen wie Lilien und Gelbwurz (Kurkuma) zu sehen. Der Wasserfall *(unten)* ist ein besonders beliebtes Fotomotiv.

Jacob Ballas Children's Garden

Der Spielplatz ermuntert Kinder, sich spielerisch der Biologie anzunähern und die Rolle von Pflanzen und Wasser im Alltag zu entdecken. Eltern sollten für ausreichenden Sonnenschutz und Kleidung zum Wechseln sorgen.

»Mad« Ridley

Henry Ridley, ein junger britischer Botaniker, war 1888 der erste Direktor der Botanic Gardens. 23 Jahre lang widmete er sich ihrer Entwicklung. Ende des 19. Jahrhunderts ersann Ridley eine Methode zur Kautschukgewinnung, die die Bäume nicht schädigt. Er setzte sich dafür mit so viel Leidenschaft ein, dass er schließlich als »Mad Ridley« in die Geschichte einging. Eine Statue im Botanischen Garten ehrt seine Arbeit.

 Singapurs Botanischer Garten bietet verschiedene Führungen und Workshops für Erwachsene und Kinder an **www.sbg.org.sg**

Singapore Zoo & Night Safari

Singapore Zoo & Night Safari zählen zu den meistbesuchten Attraktionen der Insel. Man kann dort über 3200 Tiere sehen. Sie leben in großräumigen Gehegen, die ihrem natürlichen Lebensraum nachempfunden sind. Oft teilen sich Arten, die in freier Wildbahn zusammenleben, auch hier eine Anlage. Der Zoo legt großen Wert auf Artenschutz und ökologische Belange. Er beherbergt vor allem Tiere, die an das Klima in Singapur gewöhnt sind. Interaktive Exponate, Vorführungen, Programme und Informationstafeln klären Besucher über die einzelnen Tiere und deren Lebensgewohnheiten auf.

Bunter Ara

Malaiische Tapire bei der Night Safari

Top 10 Tierleben

1. Konzept »Open Zoo«
2. Jungle Breakfast
3. Elephants of Asia
4. Orang-Utans
5. Amphitheater
6. Night Safari
7. Asiatische Zone
8. Trails
9. Südamerikanische Zone
10. Afrikanische Zone

Der Geschenkeladen des Zoos verkauft auch Insektenschutz und Sonnencreme.

Genießen Sie asiatische oder westliche Speisen in einem der Zoo-Restaurants oder das äußerst beliebte »Dschungelfrühstück« auf der Terrasse des Ah Meng Restaurants (9–10.30 Uhr; 25 S$, Kinder 18 S$).

- Karte S1
- 80 Mandai Lake Road
- 6269-3411
- Zoo: tägl. 8.30–18 Uhr; Eintritt 18 S$, Kinder bis 12 Jahre 9 S$; Tramfahrt 5 S$, Kinder 2,50 S$; www.zoo.com.sg
- Night Safari: tägl. 19.30–24 Uhr (Stores & Restaurants ab 18 Uhr); Eintritt 22 S$, Kinder bis 12 Jahre 11 S$; Tram 10 S$, Kinder 5 S$; www.nightsafari.com.sg
- Park-Hopper-Ticket (gültig für den Besuch beider Parks) 30 S$, Kinder 15 S$

Konzept »Open Zoo«

Die Gehege im Zoo *(oben)* kommen weitgehend ohne Gitter aus. Zum Teil trennen mit Wasser gefüllte Gräben Tiere und Besucher, gefährlichere Tiere können durch Glaswände beobachtet werden.

Jungle Breakfast

Das Frühstück inmitten verspielter Orang-Utans und anderer freundlicher Zoobewohner ist eine der beliebtesten Attraktionen hier. Morgens ist es wegen der kühleren Temperaturen im Zoo sehr angenehm.

Elephants of Asia

Das Gehege der asiatischen Elefanten ist wie ein birmesisches Holzfällerlager angelegt. Besucher können auf den Tieren reiten *(links)* oder sie von erhöhten Holzstegen aus beobachten.

Von den aufgeführten Attraktionen finden sich die ersten fünf im Singapore Zoo, die weiteren beziehen sich auf die Night Safari.

Orang-Utans
24 südostasiatische Orang-Utans *(rechts)* leben hier in einer Gemeinschaft. Die große Anlage weist erhöhte Plattformen, Bäume, Lianen und dichtes Blattwerk auf.

Amphitheater
Im Shaw Foundation Amphitheater findet eine Regenwaldshow statt, im Splash Amphitheater gibt es die »Splash Safari« mit Meerestieren. Beide haben sich dem Artenschutz verschrieben.

Night Safari
Dieser Nachtzoo & Wildpark mit über 1000 Tieren bietet die seltene Gelegenheit, das Leben nachtaktiver Arten zu beobachten. Stündlich finden Aufführungen wie etwa die Thumbuakar-Show *(Mitte)* statt.

Asiatische Zone
Sechs der acht geografischen Zonen der Night Safari sind Asien gewidmet. Sie schützen nahezu ausgerottete Tiere wie den einheimischen Malaysia-Tiger *(unten)*.

Trails
Drei verschiedene Pfade – Fishing Cat Trail, Leopard Trail und Forest Giants Trail – gewähren Nahansichten nachtaktiver Tiere. Beobachten Sie Leoparden, Flughörnchen und Hirschmäuse.

Südamerikanische Zone
Arten wie das Wasserschwein *(rechts)*, das größte Nagetier der Welt, und der Riesenameisenbär leben in dieser den Regenwäldern Südamerikas nachempfundenen Zone.

Afrikanische Zone
Die äquatoriale Zone ist wie eine afrikanische Savanne gestaltet. Hier sieht man neben Kapgiraffen *(links)*, den größten Giraffen der Welt, auch nachtaktive Wildkatzen wie Servale und Bongos (Waldgazellen).

Parkführer
Singapore Zoo & Night Safari sind zwei separate, benachbarte Parks. Beide werden von der Organisation Wildlife Reserves Singapore betrieben. Den Zoo erkundet man am besten zu Fuß. Es gibt auch eine kleine Bahn, deren Fahrt aber nicht im Eintrittspreis enthalten ist. Das gilt auch für die Tram der Night Safari, die eine nette Rundfahrt bietet. Sie hält an einigen Stellen, damit Besucher aussteigen und die Pfade erkunden können.

Rainforest Kidzworld, eine neue Einrichtung im Zoo, bietet u. a. auch einige Wasserrutschen – denken Sie also an Badesachen!

Top 10 Singapur

Singapore Flyer

Die jüngste Attraktion der Stadt ist der Singapore Flyer, mit 165 Metern das höchste Riesenrad der Welt. Es bietet eine 360-Grad-Sicht auf die Stadt und ihr Umland sowie auf die Nachbarstaaten Indonesien und Malaysia. Jede der 28 klimatisierten Kabinen bietet Platz für 28 Fahrgäste. Bei klarer Sicht beträgt die Fernsicht an die 50 Kilometer. Laut buddhistischem Glauben bringt die Kreisform des Rades Glück, nach Feng-Shui-Aspekten wirkt sich seine Drehbewegung günstig auf Singapur aus. Die im Folgenden beschriebenen Ausblicke kann man von dem Riesenrad aus genießen.

Fahrgäste in einer Kabine des Singapore Flyer

Top 10 Aussicht

1. Marina Bay
2. Skyline
3. Singapore River
4. Padang
5. Keppel Harbour
6. Schifffahrtswege
7. East-Coast-Viertel
8. Kallang River Basin
9. Kampong Glam
10. Indonesien & Malaysia

- Das Shopping-Center am Fuß des Riesenrads birgt eine Reihe Restaurants, Cafés, Geschenkeläden und sogar ein Spa.

- Gelatissimo serviert direkt am Flyer erfrischendes Eis.

- Karte P3
- 30 Raffles Avenue
- 6333-3311
- tägl. 8.30–22.30 Uhr (Tickets 8–22 Uhr)
- Eintritt 29,50 S$ (ermäßigt 23,60 S$), Kinder 20,65 S$
- Shuttlebus halbstündlich 10–23 Uhr ab Coleman Street (nahe St Andrew's Cathedral); Buslinien 111, 106 & 133 ab Bras Basah Road
- www.singaporeflyer.com

Marina Bay

Mithilfe eines großen Staudamms wurde die Marina Bay angestaut und ein Süßwasserreservoir in der Stadt geschaffen. Rund um die Bucht entstehen derzeit Bürotürme, Luxus-Apartmenthäuser und 24-Stunden-Freizeiteinrichtungen.

Skyline

Singapurs höchste Wolkenkratzer wie das OUB Centre, UOB Plaza One und Republic Plaza ragen über Shenton Way auf, dem Finanzdistrikt der Innenstadt *(unten)*. Das Ufer ist von traditionellen Flachbauten gesäumt.

Singapore River

Der Fluss *(siehe S. 10f)* durchschneidet die Innenstadt und trennt damit das Geschäftsviertel Shenton Way von den Gebäuden rund um Padang. Die alten Godowns am Fluss sind jetzt Bestandteil eines Vergnügungszentrums.

Für eine Umdrehung benötigt das Riesenrad rund 30 Minuten.

Top 10 Singapur

Padang
Das Gelände des Padang (malaiisch »Feld«) selbst ist nicht zu sehen, aber die umliegenden historischen Bauten *(siehe S. 87)* wie Old Parliament House, der ehemalige Supreme Court, St Andrew's Cathedral und Esplanade – Theatres on the Bay *(oben)*.

Keppel Harbour
Mehr als ein Jahrhundert lang verkehrten von diesem Hafen Schiffe. Er diente als Bindeglied zwischen den Läden der Innenstadt und den Fabriken an der Westküste.

Schifffahrtswege
Unzählige Tanker und kleine Schiffe durchpflügen die Gewässer rund um die Insel *(oben)*. Alle sind auf dem Weg vom oder zum verkehrsreichsten Hafen der Welt.

East-Coast-Viertel
Hochhäuser mit Eigentums- und Sozialwohnungen *(oben)* prägen die ganze Stadt. Dazwischen finden sich jedoch noch einige kulturell bedeutende Viertel wie Katong und Geylang.

Kallang River Basin
Östlich des Riesenrades fließt der Kallang River. Er bietet Wassersportmöglichkeiten wie Kajakfahren und Wasserski. Das Singapore Indoor Stadium am Fluss verfügt über Restaurants und Cafés an einer breiten Promenade.

Kampong Glam
In dem muslimischen Viertel Kampong Glam, Singapurs traditionellem Zentrum muslimischer Lebensart, glänzen die goldenen Kuppeln der Sultan Mosque *(unten)* im Sonnenlicht.

Indonesien & Malaysia
Jenseits der Schifffahrtswege im Süden Singapurs sind einige indonesische Inseln zu sehen. Im Osten erkennt man in der Ferne die Berge des malaysischen Bundesstaates Johor.

Singapurs große Pläne

Bis vor Kurzem war der Singapore Flyer größtenteils noch Baustelle. 2009 eröffneten das Marina Bay Sands Resort an der Marina Bay und die ersten Casinos in Singapur. Die 3,6 Milliarden Dollar teure Anlage umfasst Restaurants und Läden sowie ein Kongresszentrum. Der erste Abschnitt des Financial Centre soll 2010 eröffnet werden.

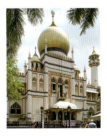

 Weitere Informationen zu Singapurs Sehenswürdigkeiten finden Sie unter www.visitsingapore.de

23

Top 10 Singapur

🔟 Raffles Hotel

Hinter der berühmten Fassade von Singapurs ehrwürdiger »alter Dame« befindet sich ein Labyrinth tropischer Innenhöfe und Veranden. Das Raffles Hotel wurde 1887 von den armenischen Sarkies-Brüdern in einem Strandbungalow gegründet. Zum 100-jährigen Bestehen wurde es unter Denkmalschutz gestellt und so von den Modernisierungswellen der Stadt verschont. Nach millionenschwerer Renovierung erstrahlt das Hotel wieder in altem Kolonialglanz. Mit den vielen Restaurants, Boutiquen, Galerien, Bars und einem eigenen Museum ist das Raffles ist eine echte Sehenswürdigkeit.

Jubilee Hall

Top 10 Prachtbau
1. Hotel
2. Long Bar
3. Architektur
4. Bar & Billiard Room
5. Writer's Bar
6. Restaurants & Bars
7. Gift Shop
8. Jubilee Hall
9. Raffles Culinary Academy
10. Museum

🍸 Die Long Bar lockt mit verführerischen Cocktails wie Sling, Million Dollar Cocktail oder Shanghai Lily.

☕ Für ein frühes Frühstück im spät erwachenden Singapur serviert Ah Teng's Bakery ab 7.30 Uhr guten Kaffee und feines Gebäck.

- Karte M1
- 1 Beach Road
- 6337-1886
- Museum: tägl. 10–19 Uhr
- www.singapore.raffles.com

Hotel
Charakter und Opulenz haben ihren Preis, doch dafür ist die Mischung aus Geschichte, Luxus und Kolonialambiente wirklich unvergleichlich. Die berühmten exotisch gekleideten Sikh-Türsteher sind sehr geduldige Fotomotive.

Long Bar
In dieser Bar *(links)* entstand der berühmte Cocktail Singapore Sling. Sie ist wohl auch der einzige Ort der Stadt, an dem man Erdnussschalen auf den Boden werfen darf. Slings sind oft schon vorgemixt. Bitten Sie um einen frisch bereiteten.

Architektur
Es kostete drei Jahre und 160 Millionen S$, das Raffles wieder in den Zustand zu versetzen, der Singapurs Königin der Luxushotels gebührt. Mit neuen Läden und Suiten wurden Hotel und Arkaden 1991 wiedereröffnet – in einem Glanz wie zu Beginn des 20. Jahrhunderts.

➤ Der rosarote Cocktail Singapore Sling wurde 1915 vom Hainaner Barmann Ngiam Tong Boon erfunden.

Bar & Billiard Room
Angeblich wurde der letzte Tiger Singapurs 1902 hier unter dem Billardtisch erlegt. Billard *(oben)* wurde von den Büfetts verdrängt, mit Tigern kann man sich noch in Form des beliebten Biers anlegen.

Writer's Bar
In der eleganten Bar in der kolonialen Lobby kann man zu seinem Singapore Sling in den Büchern berühmter Gäste wie Somerset Maugham, Joseph Conrad und Rudyard Kipling blättern. Der Hauspianist verfügt über ein großes Repertoire.

Restaurants & Bars
Sämtliche Restaurants des Raffles erfüllen die höchsten Standards der Gourmetstadt Singapur. Genießen Sie Gebäck in Ah Teng's Bakery oder Spezialitäten im Raffles Grill *(oben)*.

Top 10 Singapur

Gift Shop
Das Palmenmotiv des Raffles ziert in dieser exklusiven Hotelboutique *(oben)* alles – von Hüten bis zu Pantoffeln. Exklusive Flaschen mit Zutaten für Singapore Slings sind ein beliebtes Andenken *(siehe S. 88)*.

Jubilee Hall
Das vom New Yorker Bühnenexperten Charles Cosler im viktorianischen Stil entworfene Theater in der Raffles Arcade ist ein beliebter Ort für Aufführungen, Konzerte und Filmvorführungen. Den Veranstaltungskalender gibt es an der Rezeption.

Museum
Das kleine Museum beleuchtet die Geschichte des Hotels von seinen Anfängen bis zur Wiedereröffnung. Es zeichnet ein faszinierendes Bild von Singapur vor dem Krieg. Fotos, Briefe und Reiseandenken erinnern an die Glanzzeit des Hauses.

Raffles Culinary Academy
Rudyard Kipling drängte die viktorianischen Reisenden, hier zu speisen. Heute können die Gäste eine aktivere Rolle spielen: Das Programm der hoteleigenen Akademie *(unten)* reicht von Weinproben bis zu Kochkursen mit Spitzenköchen.

Berühmte Gäste
Die Liste der Berühmtheiten, die im Raffles logierten, umfasst Schriftsteller, Schauspieler und Sänger aus jeder Epoche. Die literarische Tradition begründeten einst Joseph Conrad und Rudyard Kipling, Somerset Maugham folgte. In den 1950er Jahren machte Anthony Burgess auf dem Weg nach Malaya hier Station. Auch Hollywood-Stars wie Charlie Chaplin und Maurice Chevalier kamen. Ihnen folgten nach dem Krieg Noel Coward, Ava Gardner und Elizabeth Taylor.

Weitere Luxushotels in Singapur **siehe S. 114**

25

🔟 Sentosa

Sentosa ist Singapurs Vergnügungsinsel und ganz der Erholung gewidmet. Manche sagen, sie erinnere an »Disneyland«, doch die gut geplante Freizeitanlage mit zahlreichen Attraktionen bietet etwas für jeden Geschmack. Die Strände sind künstlich angelegt, aber sauber, einladend und umgeben von Bars, Restaurants und Freizeiteinrichtungen. Der ursprüngliche Name der Insel, Pulau Blakang Mati, bedeutet in etwa »Insel mit dem Tod im Rücken«. Er rührt wohl von den einstigen Piratenüberfällen her. Der heutige Name Sentosa steht für »friedliche Ruhe«.

Merlion

Travelator in der Underwater World

Top 10 Attraktionen

1. Images of Singapore
2. Underwater World
3. Sentosa Luge & Skyride
4. Sentosa 4D Magix
5. Nature Walk
6. Siloso Beach
7. Fort Siloso
8. Sentosa Golf Club
9. Spa Botanica
10. Seilbahn

🍸 **Tanjong Beach bietet die besten Sonnenuntergänge der Insel.**

🍴 **Das Coastes mit Blick auf Siloso Beach ist eine vielseitige Ferieneinrichtung, die tagsüber durchgehend Getränke und internationale Speisen serviert und sich am Abend in einen Club verwandelt.**

- Karte S3/T3
- Sentosa Island
- 1800-736-8672
- tägl. 24 Stunden
- Eintritt 3 S$ (Kinder unter drei Jahren frei); bei Anreise im Auto: PKW 2 S$ & 2 S$ pro Fahrgast
- www.sentosa.com.sg

Images of Singapore

Dieses Museum *(unten)* widmet sich Singapurs Geschichte und Vielfalt. Kinder lieben die originellen Spezialeffekte, mit denen die Werte vermittelt werden, die Singapurs Gesellschaft prägen *(siehe S. 37)*.

Underwater World

Für einen Besuch des begehbaren Haitanks und weiterer Meeresbecken sollten Sie früh hier sein. Das Spa bietet »Fish Reflexology«, bei der Fische an Ihren Zehen knabbern, bis ein menschlicher Masseur übernimmt *(siehe S. 50)*.

Sentosa Luge & Skyride

Luges *(rechts)* sind eine Mischung aus Schlitten und Gokart, die allen Altersgruppen Spaß bereiten. Der Skyride-Sessellift bringt Sie den Berg hinauf, dann geht es sausend wieder hinab. Temporegler sorgen für Sicherheit.

Die Insel bestand ursprünglich nur aus einem kleinen Fischerdorf. Bis 1967 wurde sie von den Briten als Militärstützpunkt genutzt.

Sentosa 4D Magix
Südostasiens erstes 4-D-Kino besitzt ein hochmodernes digitales Projektionssystem. Surround-Sound, diverse Effekte und Sitze, die sich je nach Leinwandhandlung mitbewegen, machen den Spaß perfekt.

Nature Walk
Mit etwas Glück kann man beim Gang durch Sentosas Wald Javaneraffen, Weißhaubenkakadus und fleischfressende Pflanzen sehen. Der halbstündige Spaziergang lohnt sich, wenngleich nichts an Naturreservate wie Bukit Timah *(siehe S. 97)* herankommt.

Siloso Beach
An diesem Strand *(Mitte)* tummeln sich die Jungen und Schönen. Sie sonnen sich oder spielen Volleyball. Einige Läden und Bars haben den ganzen Tag geöffnet – richtig los geht es hier aber erst bei Sonnenuntergang.

Fort Siloso
Die Originalfestung wurde ausgestaltet, um das Leben der Kolonialsoldaten nachzustellen *(oben)*. Es gibt Effekte wie Gefechtslärm und die Darstellung von Japans Kapitulation *(siehe S. 40)*.

Sentosa Golf Club
Der Club besitzt zwei anspruchsvolle Golfplätze mit herrlichem Blick auf den Hafen. Der Tanjong Course verfügt über natürliche Seen und einen Flusslauf. Der Serapong Course ist Austragungsort des Singapore Open.

Spa Botanica
Das Spa in Sentosas prächtigen Gärten zählt seit Jahren zu den besten der Welt. Berühmte Anwendungen sind etwa Jasmin-Peeling, Papaya-Wickel und eine Gesichtsbehandlung mit Aloe vera *(siehe S. 55)*.

Tipps zu Anreise & Fortbewegung
Der Sentosa Express ist schnell und preisgünstig. Er fährt vom Shopping-Center VivoCity aus zwei Haltestellen an. Auf Sentosa verkehren kostenlose gelbe, rote und blaue Busse von 7 bis 23 Uhr, am Wochenende bis 0.30 Uhr. Privatautos, Busse und Taxis gelangen über den Damm nach Sentosa. Auto- und Taxipassagiere bezahlen ihr Eintrittsgeld an Häuschen nahe VivoCity.

Seilbahn
Die aufregendste Art, Sentosa zu erreichen, ist mit der Seilbahn. Standard- und Glaskabinen schweben vom Mount Faber oder der Harbour Front über das Wasser zum Imbiah Lookout. Der Blick auf den Hafen und die Inseln ist einzigartig.

Folgende Doppelseite **Strandidylle auf Sentosa**

Links **Nachgestellte Kapitulation gegenüber Japan 1942** Rechts **Eröffnung des Suezkanals 1869**

Historische Ereignisse

1390: Iskandar Shah
Der entthronte Prinz Iskandar Shah erklärte sich zum Herrscher der Insel Temasek. Laut Sage benannte er sie nach einer löwenähnlichen Kreatur, die er dort sah, *Singapura* (Löweninsel). Sein Grab soll sich im Keramat bei Fort Canning befinden *(siehe S. 42)*.

1819: Ankunft Sir Stamford Raffles'
Stamford Raffles kam auf der Suche nach neuen Handelsplätzen für die East India Company nach Singapur. Überzeugt von dem strategischen Wert der Insel bewegte er deren Obrigkeit dazu, Großbritannien die exklusiven Handelsrechte zu übertragen.

Porträt von Sir Thomas Stamford Raffles

1824: British East India Company
Die East India Company sicherte sich die unangefochtene Herrschaft über die Insel. Der zollfreie Handel war verlockend und das Dorf wuchs schnell zur Stadt an.

1826 wurde Singapur Hauptstadt der Straits Settlements, 1867 florierende Kronkolonie.

1869: Suezkanal
Die Öffnung des Suezkanals in Ägypten sorgte für erweitertes Handelspotenzial, da er neue Märkte eröffnete und die Route Europa–Asien verkürzte.

1873: Dampfschifffahrt
Mit der Erfindung von Dampfschiffen wurden Handelsfahrten zeitlich besser planbar. Singapur wurde schnell zu einem wichtigen Betankungshafen, in dem Tausende Arbeiter Kohle schaufelten.

1907: Kautschuk & Zinn
Neue Technologien erforderten neue Materialien. Aus den Kautschukpflänzlingen des Botanischen Gartens erwuchs Singapurs erste Kautschukplantage. Gleichzeitig entstand am Pulau Brani der erste Schmelzofen für Zinn, um die neue Konservenindustrie der USA zu versorgen.

1942: Zweiter Weltkrieg
Nachdem die HMS *Repulse* und die *Prince of Wales* durch einen japanischen Angriff versenkt worden waren, zogen sich die britischen Truppen auf die malaiische Halbinsel zurück und sprengten den Damm, um die Invasion aufzuhalten. Singapur fiel

Erste Parlamentssitzung 1965

Singapur hat sich in weniger als 200 Jahren von einer kleinen Provinzkolonie zu einer bedeutenden Industrienation entwickelt.

Der ehemalige Premierminister Lee Kuan Yew

am 15. Februar 1942. Während der dreijährigen japanischen Besatzung starben in Singapur etwa 50 000 Menschen, die meisten davon waren Chinesen.

1959: Singapurs Selbstverwaltung
Nach jahrelangen Verhandlungen stimmten die Briten einer landesweiten Wahl zu. Sieger war die Mitte-links-Partei People's Action, die ein von Großbritannien unabhängiges Singapur versprach.

1959: Lee Kuan Yew
Lee Kuan Yew wurde am 3. Juni 1959 zum ersten Premierminister der Insel gewählt. Der als »Vater der Nation« verehrte Staatsmann trat 1990 zurück, blieb aber eine tragende Säule der asiatischen Politik. Heute ist er Berater seines Sohnes, des Premiers Lee Hsien Loong.

1965: Unabhängigkeit Singapurs
Singapur wurde 1963 Teil der *Federation of Malaysia*. Politische und ethnische Spannungen führten 1964 zu Aufständen. Am 9. August 1965 erklärte Lee den Austritt aus dem Bündnis, die Republik Singapur war geboren.

Top 10 Literatur über Singapur

1. *Sie nannten ihn King* von James Clavell
Clavell verarbeitete im Roman Erinnerungen an seine Kriegsgefangenschaft in Changi.

2. *Lord Jim* von Joseph Conrad
Ein Schiffsoffizier muss sich dafür verantworten, Passagiere im Stich gelassen zu haben.

3. *Saint Jack* von Paul Theroux
Geschichte eines zwielichtigen Einwanderers in Singapur.

4. *Umzingelung von Singapur* von JG Farrell
Satirischer Roman über eine privilegierte Einwandererfamilie am Vorabend der japanischen Invasion.

5. *Snake Wine: A Singapore Episode* von Patrick Anderson
Von diesem Bild eines Singapur der 1950er Jahre ist heute nichts mehr zu entdecken.

6. *First Loves* von Philip Jeyaretnam
Erzählungen über das Leben im Schmelztiegel Singapur.

7. *Little Ironies: Stories of Singapore* von Catherine Lim
Kurzgeschichten über Leben und Gesellschaft in Singapur.

8. *The Singapore Story: Memoirs of Lee Kuan Yew*
Prägende Ereignisse aus Sicht des ersten Premierministers.

9. *A History of Singapore* von C. M. Turnbull
Singapurs Geschichte von der Ankunft Raffles bis 1988.

10. *Rogue Trader* von Nick Leeson
Leeson erzählt, wie er eine Milliarde Dollar verliert und vier Jahre in Changi verbringt.

 Einen Abriss der Geschichte Singapurs bietet auch die Website des Singapore Tourism Board **www.visitsingapore.de**

Links **Löwentanz zum Chinesischen Neujahr** Rechts **Traditioneller malaiischer Kopfschmuck**

📖10 Volksgruppen

1 Chinesen – Hokkien
Die Mehrheit (78 Prozent) der Bevölkerung Singapurs sind Chinesen. Davon sind 41 Prozent Hokkien-Chinesen aus der südchinesischen Provinz Fujian. Die ersten Einwanderer bauten den Thian Hock Keng Temple *(siehe S. 12f)*.

2 Chinesen – Teochew & andere Dialekte
Teochew-Chinesen bilden 21 Prozent, Kantonesen aus der Provinz Guangdong weitere 15 Prozent der chinesischen Bevölkerung. Neben ihrer Kochkunst brachten sie auch die chinesische Oper nach Singapur.

Eine Frau der Peranakan

3 Malaien
Obwohl Malaien die Ureinwohner Singapurs sind, stellen sie heute mit 14 Prozent eine Minderheit dar. Der Begriff »Malaie« ist nicht zu verwechseln mit »Malaysier«: Malaien sind ein Volksstamm, Malaysier die nördlichen Nachbarn Singapurs.

4 Peranakan
Peranakan (oder Baba-Nyonya) werden auch »Straits-Chinesen« genannt. Sie kamen als Kinder chinesischer Väter und nicht-chinesischer Mütter im kolonialen Südostasien zur Welt. Diese Volksgruppe ist für ihre Multikulturalität und Vielsprachigkeit bekannt. Das Peranakan Museum *(siehe S. 36)* widmet sich ihrer Kultur.

5 Inder – Hindus
Die ersten Inder kamen zeitgleich mit Raffles *(siehe S. 30)* nach Singapur. Viele waren Geschäftsleute und Finanziers, die kräftig an Singapurs Aufbau mitwirkten. Heute stellen Inder etwa neun Prozent der Bevölkerung, über die Hälfte sind Hindus.

6 Inder – Sikhs
Die aus dem indischen Bundesstaat Punjab stammenden Sikhs sind eine kleine, aber augenfällige Gruppe, an ihren Turbanen deutlich zu erkennen. Ihr Ruf für besondere Tapferkeit bewog die Briten, Sikhs als Sicherheitskräfte einzusetzen.

7 Südasiaten – Muslime
Ein Viertel der indischen Bevölkerung sind Muslime, die meisten davon Tamilen aus Südindien

Hindu-Priester und Gläubige in einem Tempel

Religiöse Stätten in Singapur **siehe S. 38f**

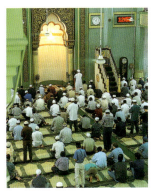

Freitagsgebet in der Sultan Mosque

und dem Norden Sri Lankas. Tamil ist neben Englisch, Malaiisch und Mandarin eine der Amtssprachen in Singapur.

Eurasier
In der Kolonialzeit entstanden aus Ehen zwischen Einheimischen und Europäern zahlreiche Mischfamilien, die ihre eigenen Traditionen entwickelten. Obwohl heute viele Singapurer als Eurasier gelten, stirbt ihre Kultur mit dem Generationenwechsel aus.

Araber
Singapurs arabische Gemeinde ist klein, aber einflussreich. Die meisten Araber kamen aus Hadramaut im Jemen hierher. Sie leiten Handelsfirmen oder betreuen in Hilfsorganisationen philantropische Projekte wie den Bau von Schulen.

Ausländische Einwohner
Nahezu 20 Prozent der Bevölkerung Singapurs sind Fremdarbeiter von den Philippinen, aus Indonesien und Bangladesch, die meist niedere Arbeiten verrichten. Büroangestellte kommen dagegen eher aus Nordamerika, Australien und Europa, vor allem aber aus China und Indien.

Top 10 Wörter auf »Singlish«

1 aiyoh
Dieser Mandarin-Ausruf drückt Überraschung oder Besorgnis aus.

2 alamak
Der malaiische Ausdruck der Überraschung heißt wörtlich »Mutter Gottes«.

3 ang moh
Die Worte stammen aus dem Hokkien-Dialekt, heißen »rotes Haar« und sind gleichbedeutend mit »weißer Haut«. Der Ausdruck ist nicht abfällig.

4 chope
»To *chope* a table« heißt z. B., einen Tisch in einem Food Court zu »reservieren«, indem man ein Päckchen Papiertaschentücher darauflegt.

5 die-die
Die Abwandlung des englischen »to die« für »sterben« bedeutet »todsicher«.

6 face
»Gesicht« meint hier das Ansehen einer Person. Begriffe wie »save face« oder »give face« sind Ausdrücke für den Respekt gegenüber Älteren und Vorgesetzten.

7 goondu
Das tamilische *goondu* heißt »schwerer Stein« und bedeutet »Idiot«.

8 kiasi
Mit dem Wort *kiasi* für »Todesangst« beschreibt man jemanden, der nichts wagt.

9 kiasu
kiasu ist das Hokkien-Wort für »die Angst, zu verlieren«. Es beschreibt jemanden, der Konfrontationen meidet. Wie *kiasi* ist es ein häufig gebrauchtes Attribut für Singapurer.

10 lah
Wie *lor*, *meh* und *mah* ist *lah* ein Wort des Nachdrucks.

»Singlish«, eine Abwandlung der englischen Sprache mit Anleihen aus dem chinesischen Dialekt Hokkien, ist Singapurs Lokalidiom.

Links **CHIJMES** Rechts **City Hall mit Supreme Court**

🔟 Architektur

Old Parliament House
Singapurs ältestes Gebäude stammt von 1827. Es wurde als Privathaus irrtümlich auf einem für Regierungsbauten reservierten Grundstück gebaut und nachträglich von der Kolonialverwaltung übernommen. Der Architekt G. D. Coleman entwarf das Gebäude in neopalladianischem Stil mit Veranden, hohen Decken und Torbogen. Nach mehreren Renovierungen ist jedoch von der ursprünglichen Struktur nur noch wenig zu sehen *(siehe S. 85)*.

Empress Place Building
1867 ließ die Regierung dieses neopalladianische Gebäude für ihre Verwaltung errichten. An der Mündung des Singapore River war es das erste, das Reisende bei ihrer Ankunft in der Stadt sahen. Der Bau wurde viermal erweitert, der Originalcharakter blieb jedoch erhalten. In den 1990er Jahren wurde das Gebäude zum Asian Civilisations Museum umgewandelt *(siehe S. 85)*.

Victoria Theatre & Concert Hall
Der kunstvolle Bau zeigt den Stil der italienischen Renaissance, wie er im viktorianischen England beliebt war. Das heutige Theater wurde 1862 als Rathaus fertiggestellt. 1905 fügte man die Victoria Memorial Hall zu Ehren Queen Victorias an. Das Gebäude ist heute Nationaldenkmal und Stammhaus des Singapore Symphony Orchestra *(siehe S. 85)*.

City Hall & Supreme Court
Die breiten Stufen und die Säulen des Rathauses sind typisch für Regierungsgebäude aus den 1930er Jahren. Der benachbarte ehemalige Supreme Court besitzt eine Kuppel, die der der Londoner St Paul's Cathedral gleicht. Bis 2012 sollen die beiden Häuser zur National Art Gallery werden *(siehe S. 86)*.

St Andrew's Cathedral
Diese anglikanische Kirche *(siehe S. 38)* erinnert an eine englische Pfarrkirche. Für den Bau verwendete man *chunam*, eine Masse aus Muschelkalk, Eiweiß, grobem Zucker und gekochten Kokosnussschalen. Das »Rezept« aus British India wurde von indischen Zwangsarbeitern nach Singapur gebracht. • *Karte M2* • *11 St Andrew's Rd.* • *6337-6104* • *Mo–Fr 9–17 Uhr, Sa 9–13 Uhr* • *www.livingstreams.org.sg*

Reihenhäuser in der Emerald Hill Road

Shophouses sind Reihenhäuser mit einer Ladenfront. Sie wurden von chinesischen Einwanderern in Singapur eingeführt.

Esplanade – Theatres on the Bay

Top 10 Singapur

6 CHIJMES (Convent of the Holy Infant Jesus)
Das ursprüngliche Kloster wurde 1841 erbaut, 1856 kam ein Waisenhaus hinzu. 1903 fügte man eine Kapelle an, deren Bogen und Säulen einen Hauch von Gotik verbreiten. 1983 wich das Kloster Clubs und Restaurants *(siehe S. 38).* ◊ *Karte M1 • 30 Victoria St. • 6332-6277 • tägl. 8–24 Uhr (Clubs auch länger) • www.chijmes.com.sg*

7 Istana & Sri Temasek
Der Istana (malaiisch »Palast«), 1869 als Gouverneursresidenz auf dem Hügel errichtet, vereint malaiische Palastarchitektur und italienische Renaissance. Der kleinere Sri Temasek diente als Sekretariat *(siehe S. 91).*
◊ *Karte D4 • Orchard Road • fünfmal im Jahr für Besucher geöffnet (8.30–18 Uhr; Eintritt) • www.istana.gov.sg*

8 Emerald Hill Road
Die Reihenhäuser aus der Vorkriegszeit zählen zu den ersten Privathäusern, die unter Denkmalschutz gestellt wurden. Sie illustrieren die vielfältigen kulturellen Einflüsse ihrer Zeit. Bemerkenswert sind die Hausnummern 41, 77 & 79–81 *(siehe S. 91).*

9 Tan House
Dieses Haus von 1900 zeigt eine bunte Mischung kultureller Einflüsse: europäische Säulen und Bogenfenster, chinesische grüne Fliesen über dem Portikus und malaiische Holzdetails an den Dachtraufen. ◊ *Karte F4 • 37 Kerbau Rd. • für die Öffentlichkeit geschl.*

10 Esplanade – Theatres on the Bay
Das 2002 eröffnete, 600 Millionen Dollar teure Kulturzentrum entfachte heftige Debatten über die Ästhetik. Die Aluminiumplatten der Kuppel trugen dem Bau – nach der stacheligen Frucht – den Namen »Durian« ein. ◊ *Karte N3 • 1 Esplanade Drive • 6828-8377 • tägl. 10–23 Uhr • www.esplanade.com*

Zum Veranstaltungsort Esplanade – Theatres on the Bay **siehe S. 46**

35

Links **Hochzeitsgaben, Peranakan Museum** Mitte **Hua Song Museum** Rechts **Changi Museum**

TOP 10 Museen

National Museum of Singapore
Singapurs ältestes und zugleich bestes Museum erzählt die Geschichte der Insel vom 14. Jahrhundert bis zur Gegenwart. Kostenlose Audio-Begleiter liefern dazu interessante Augenzeugenberichte (siehe S. 8f).

Asian Civilisations Museum
Das Museum im Empress Place Building widmet sich Asiens Geschichte, Kunst und Kultur. Die Ausstellungen umfassen rund 1300 Artefakte, darunter islamische Kunst, indonesische Schreine und die verschiedensten Textilien. Die Singapore River Gallery beleuchtet detailliert die Geschichte des Flusses (siehe S. 85). ✪ Karte M3
• 1 Empress Place • 6332-2982 • Mo 13–19 Uhr, Di–So 9–19 Uhr (Fr bis 21 Uhr)
• Eintritt • www.acm.org.sg

Breeze von Anthony Poon, Singapore Art Museum

Peranakan Museum
Das Museum, Teil des Asian Civilisations Museum, vermittelt in dessen ehemaligen Räumen die Kultur der Peranakan (siehe S. 32). Es zeigt mit Schmuck besetzte Kleider, Möbel und das Diorama einer Hochzeit. ✪ Karte L1
• 39 Armenian St. • 6332-7591 • Mo 13–19 Uhr, Di–So 9–19 Uhr (Fr bis 21 Uhr)
• Eintritt (Fr halber Preis)
• www.peranakanmuseum.sg

Singapore Art Museum
Dieses Haus birgt die größte staatliche Sammlung moderner südostasiatischer Kunst. Sie umfasst neben Werken aus dem National Museum auch Arbeiten zeitgenössischer Künstler. Das Museum bietet zudem Vorträge und Wechselausstellungen. ✪ Karte L1/M1 • 71 Bras Basah Rd.
• 6332-3222 • tägl. 10–19 Uhr (Fr bis 21 Uhr) • Eintritt • www.singart.com

Malay Heritage Centre
Der ehemalige Palast des Sultansohnes dient nun als Kulturzentrum der Malaien (siehe S. 32). Ausstellungen widmen sich ihrer Geschichte. Das Zentrum veranstaltet aber auch Batik- und Töpferkurse für Kinder und Erwachsene. ✪ Karte H4 • 85 Sultan Gate • 6391-0450 • Di–So 10–18 Uhr, Mo 13–18 Uhr • Eintritt • www.malayheritage.org.sg

Malay Heritage Centre

Die meisten Museen in Singapur sind für Rollstühle zugänglich. Um sicherzugehen, sollten Sie jedoch vorher anrufen.

Chinatown Heritage Centre

Dioramen in drei Shophouses veranschaulichen die Lebensbedingungen der frühen chinesischen Immigranten. Familien lebten dicht gedrängt auf engstem Raum und kämpften mit Armut, Krankheit und Opiumsucht. ◊ *Karte K4 • 48 Pagoda St. • 6325-2878 • tägl. 9–20 Uhr • Eintritt • www.chinatownheritage.com.sg*

Modell einer Hindu-Hochzeit, Images of Singapore

Images of Singapore

Das preisgekrönte Museum zeigt multimediale Exponate. Dargestellt sind z. B. Raffles' Ankunft in Singapur, der Zustrom von Chinesen, Malaien und Indern, aber auch deren maßgeblicher Einfluss auf die Kultur der Insel.
◊ *Karte S3 • Imbiah Lookout, Sentosa • 6275-0388 • tägl. 9–19 Uhr • Eintritt • www.sentosa.com.sg*

Changi Museum

Das ergreifende Museum erinnert an das Kriegsgefangenenlager für alliierte Soldaten und Zivilisten in Changi, wo während der japanischen Besatzung über 50 000 Menschen festgehalten wurden. ◊ *Karte U2 • 1000 Upper Changi Road North • 6214-2451 • tägl. 9.30–17 Uhr • www.changimuseum.com*

Hua Song Museum

Hua Song heißt »Lob der Chinesen«. Das Museum stellt den Einfluss chinesischer Kultur in der Welt dar. Ausstellungen dokumentieren die Reisen der ersten Auswanderer, die ihr Leben als Köche, Träger und Arbeiter bestritten. ◊ *Karte S3 • Haw Par Villa, 262 Pasir Panjang Rd. • 6339-6833 • Di–So 10–18 Uhr, Mo geschl. (außer feiertags) • Eintritt • www.huasong.org*

Sun Yat Sen Nanyang Memorial Hall

Das Haus war einst das Singapurer Hauptquartier der chinesischen Revolutionäre um Dr. Sun Yat Sen. Die Ausstellung beleuchtet dessen Leben, seine Konversion zum Christentum und seine politische Karriere *(siehe S. 98)*.

Top 10 Singapur

Weitere Informationen zu Singapurs Museen finden Sie unter www.visitsingapore.de

Links **Laternen im Tempel** Mitte **Telok-Ayer-Kirche** Rechts **Cathedral of the Good Shepherd**

Gotteshäuser

St Andrew's Cathedral

Raffles persönlich suchte das Grundstück der nach dem Schutzpatron Schottlands benannten und 1862 geweihten anglikanischen Kirche aus. Im Inneren befindet sich der Canterbury Stone, ein Geschenk der Metropolitan Cathedral Church of Canterbury. Das Coventry-Kreuz besteht aus versilberten Nägeln aus den Ruinen der Coventry Cathedral. Der Krönungsteppich ist ein Stück von jenem, der zur Krönung von Königin Elizabeth II in der Westminster Abbey lag *(siehe S. 34)*.

Armenian Church

Die 1835 gebaute und dem hl. Gregor dem Erleuchter geweihte Kirche war Zentrum der armenischen Gemeinde, die heute nahezu verschwunden ist. Hinter der Kirche befinden sich die Grabsteine berühmter Gemeindemitglieder wie der Brüder Sarkies, die das Raffles Hotel gründeten, oder von Vanda Miss Joaquim, nach der die Nationalblume Singapurs benannt ist.
* Karte L2 • 60 Hill St. • 6334-0141

Cathedral of the Good Shepherd

Der Katholizismus kam Anfang des 16. Jahrhunderts mit den Portugiesen nach Singapur. In den frühen Tagen wurden katholische Messen in einem strohgedeckten Bau an der Bras Basah Road gelesen. Erst Anfang des 19. Jahrhunderts baute man diese Kirche – zusammen mit der Schule St Joseph's Institution und dem Convent of the Holy Infant Jesus. Sie liegen dicht beieinander. Zur Messe sind auch Nicht-Katholiken willkommen.
* Karte M1 • 4 Queen St. • 6337-2036
* Mo–Fr 7–17 Uhr, Sa & So 7–19.30 Uhr
* www.veritas.org.sg

Convent of the Holy Infant Jesus (CHIJMES)

Die gotische Kapelle des Klosters ist die am reichsten geschmückte Kirche Singapurs. Seit die Klosteranlage 1983 in ein Freizeitzentrum umgewandelt wurde, finden hier keine Gottesdienste mehr statt, aber Hochzeiten und Empfänge. An der nordöstlichen Pforte wurden früher Säuglinge abgelegt und der Obhut der Nonnen übergeben *(siehe S. 35)*.

Innenraum der St Andrew's Cathedral

Zur größten Moschee Singapurs, der Sultan Mosque, **siehe S. 14f**

Sri Thandayuthapani Temple

Zunächst stand hier nur eine Statue von Lord Muruga unter einem *Bodhi*-Baum. Der erste Tempel wurde 1859 gebaut, 1983 ersetzte man ihn durch einen neuen. Nach Hindu-Tradition wird er alle zwölf Jahre renoviert. ◉ *Karte K1 • 15 Tank Rd. • 6737-9393 • tägl. 8–12 & 17.30–20.30 Uhr • www.sttemple.com*

Tan Si Chong Su Temple

Dieser dem Clan der Tan gewidmete Schrein stand früher direkt am Fluss, doch Landgewinnung hat ihn mehr und mehr vom Ufer entfernt. Ein Raum hinter dem Tempel birgt Ahnentafeln verstorbener Clanmitglieder, Besucher haben dort aber keinen Zutritt. ◉ *Karte K3 • 15 Magazine Rd. • 6533-2880*

Hong San See Temple

Die Tempelanlage auf einem Hügel über der Mohammed Sultan Road wurde vor rund 100 Jahren von Einwanderern aus der chinesischen Provinz Fujian gebaut. Auf den Granittafeln in der Eingangshalle stehen die Namen der Spender. Der Tempel ist dem Glücksgott, der Göttin der Gnade und dem Himmlischen Kaiser gewidmet. Seit 1978 steht er unter Denkmalschutz.
◉ *Karte J2 • 31 Mohammed Sultan Rd.*

Maghain Aboth Synagogue

Die ersten Juden Singapurs kamen 1831 aus dem Irak und dem Iran. Ihre erste Synagoge, Maghain Aboth oder »Schild der Väter«, wurde 1878 geweiht.
◉ *Karte L1 • 24 Waterloo St. • 6337-2189 • www.singaporejews.com*

Telok Ayer Chinese Methodist Church

Hokkien-Methodisten errichteten diese Kirche 1924. Viele Details wie Fenster und Bogen zeigen romanischen Stil, das Dach ist dagegen typisch chinesisch. Gottesdienste werden in Chinesisch, Mandarin und Hokkien gehalten. ◉ *Karte L5 • 235 Telok Ayer St. • 6324-4001 • tägl. 9–17 Uhr • www.tacmc.org.sg*

Lord Muruga im Sri Thandayuthapani Temple

Kong Meng San Phor Kork See Temple

Der 1920 erbaute Komplex ist der größte Buddhisten-Tempel in Singapur. Er wurde für die Mönche in der Stadt gebaut und ist bis heute ein bedeutendes Kloster. Hall of Great Strength und Hall of Great Compassion schließen um 16.30 Uhr, das Gelände ist aber länger geöffnet. ◉ *Karte T2 • 88 Bright Hill Drive • 6849-5300 • tägl. 6–21.30 Uhr • www.kmspks.org*

Angemessenes Verhalten in Gotteshäusern siehe S. 13, S. 15 & S. 17

Links **Nachbildung einer britischen Kanone, Johore Battery** Rechts **Schautafeln, Changi Museum**

Stätten des Zweiten Weltkriegs

Changi Chapel & Museum
Das Museum ist den von 1942 bis 1945 im Lager des Changi Prison eingesperrten Kriegsgefangenen gewidmet. Es enthält u. a. Nachbildungen der Wandmalereien von Artillerist Stanley Warren aus der St Luke's Chapel *(siehe S. 37)*.

Fort Siloso
Die letzte britische Küstenfestung der Insel gewährt Einblicke in den Lebensalltag von Soldaten im Zweiten Weltkrieg. In den Surrender Chambers sind die Kapitulationen der Briten und Japaner von 1945 nachgestellt *(siehe S. 27)*.

Grabstein auf dem Kranji Cemetery

Labrador Park
Mit Kanonen feuerte man Granaten von Fort Pasir Panjang 16 Kilometer weit, um Marineangriffe abzuwehren. Viele der Geschützstellungen sind noch zu sehen. ◎ *Karte S3 • Labrador Villa Rd. • 6339-6833 • tägl. 10–18 Uhr • Eintritt*

Battle Box
Die britische Kommandozentrale im Zweiten Weltkrieg wurde bombensicher gebaut und mit Sauerstoffversorgung versehen. Modelle zeigen ein Treffen von 1942, bei dem General Percival die Kapitulation gegenüber Japan beschloss.
◎ *Karte E6 • Fort Canning Rise • tägl. 10–18 Uhr • Eintritt*

Reflections at Bukit Chandu
Im Februar 1942 bezogen 1400 Soldaten des malaiischen Regiments auf dem Bukit Chandu Stellung gegen 13 000 japanische Soldaten. Das Museum erinnert an die Schlacht und den erstaunlichen Mut der Soldaten.
◎ *Karte S3 • 31-K Pepys Rd. • 6375-2510 • Di–So 9–17 Uhr • Eintritt*

Johore Battery
Die britischen Kanonen in Johore waren 1939 die größten außerhalb von Großbritannien. Sie dienten der Verteidigung von Singapur. Die Originale wurden vor dem Fall Singapurs zerstört, mittlerweile aber durch Nachbildungen ersetzt. 1991 entdeckte das Singapore Prisons Department einige Tunnel, die während des Krieges als Munitionslager dienten. ◎ *Karte V2 • Cotsford Road • 6546-9897 • tägl. 9–17 Uhr*

Rekonstruiertes Treffen in der Battle Box

Die japanischen kempetai *verübten während der Besatzungszeit mehrere Massaker an Chinesen.*

Civilian War Memorial

Der Zweite Weltkrieg in Singapur

1. 7. & 8. Dezember 1941
Japan greift Pearl Harbor an und startet eine gewaltige Offensive mit Einmarsch auf den Philippinen, in Hongkong und in Thailand. Erste Bomben fallen auf Singapur.

2. 8. Februar 1942
Japan fällt von Malaysia aus in Singapur ein.

3. 15. Februar 1942
General Percival ergibt sich General Yamashito. Die japanische Besatzung beginnt.

4. 16. Februar 1942
Die Europäer sammeln sich am Padang und machen sich auf den Weg in das etwa 23 Kilometer entfernte Changi Prison.

5. Mai 1943
Die ersten 600 Gefangenen werden zum Arbeitseinsatz an der »Todes-Eisenbahn« Burma–Thailand geschickt.

6. 1943
Als der Druck auf Japan wächst, werden Essensrationen gekürzt. Die Lebensbedingungen verschlechtern sich.

7. November 1944
Hunger und Krankheiten breiten sich aus. Die USA starten erste Angriffe auf Singapurs Hafen.

8. Anfang 1945
Die Lebensbedingungen werden unerträglich, viele Menschen sterben an Unterernährung.

9. Mai 1945
Die Nachricht vom Kriegsende in Europa erreicht Singapur – ein Hoffnungsschimmer für die verzweifelte Stadt.

10. 12. September 1945
Japan kapituliert gegenüber Lord Louis Mountbatten, dem Vizekönig von Indien.

Top 10 Singapur

7. Kranji War Memorial & Cemetery
Das Mahnmal steht auf den Gräbern von über 4000 alliierten Soldaten. Die Säulen nennen die Namen von 24 000 Toten, die nie gefunden wurden *(siehe S. 99).*

8. Civilian War Memorial
Die vier Säulen des hier als »Chopsticks Memorial« bekannten Denkmals symbolisieren die Ethnien (Chinesen, Malaien, Inder und andere), die unter der Besatzung litten. Um das Denkmal liegen unbekannte Opfer begraben. ◎ *Karte M2 • War Memorial Park*

9. Padang
Auf diesem Platz trieben die Japaner die Europäer der Stadt zusammen, um sie auf einzelne Gefängnisse zu verteilen. Britische und australische Soldaten kamen in die Seralang Barracks, 2300 Zivilisten in das Changi Prison *(siehe S. 37).* ◎ *Karte M2/M3*

10. Lim Bo Seng Memorial
Das Monument gedenkt des Mannes, der vor den Japanern nach Sri Lanka floh und dort Widerstandskämpfer ausbildete. Bei seiner Rückkehr geriet er in Gefangenschaft, wo er bald starb.
◎ *Karte M3 • Queen Elizabeth Walk*

 1942 wurde Singapur von den Japanern in Syonan-To, »Licht des Südens«, umbenannt.

Links **Strand im East Coast Park** Rechts **Steg im Sungei Buloh Wetland Reserve**

Nationalparks & Gärten

1 Singapore Botanic Gardens
Obwohl die Orchard Road nur wenige Schritte entfernt ist, wähnt man sich hier inmitten der Frangipani-Bäume, Seen und des Regenwalds weit weg von der Stadt. Ein Spaziergang durch diesen friedvollen Park ist der perfekte Abschluss für einen Tag voller Shopping und Sightseeing. Einheimische praktizieren hier gern Tai Chi *(siehe S. 18f)*.

Affe im Bukit Timah Nature Reserve

2 National Orchid Garden
Eines der Highlights im Botanischen Garten ist diese Anlage mit über 3000 Orchideen-Arten. Der herrlich angelegte Garten bietet Lebensräume für jede Art von Orchidee und Bromelie. Im »Kühlhaus« kann man sich von der Hitze erholen *(siehe S. 18)*.

3 Fort Canning Park
Dieser Park ist mit jeder Ära der Geschichte Singapurs eng verwoben. Er hieß ursprünglich »Verbotener Hügel« und soll das Grab von Iskandar Shah bergen, der Singapur als Erster besiedelte. Raffles baute sich hier einen Bungalow, der jedoch 1859 dem Militärstützpunkt Fort Canning weichen musste. Im Kampf um Singapur bezogen die Briten dort ihr Hauptquartier. Raffles hatte sich an diesem Ort einen Botanischen Garten gewünscht *(siehe S. 85)*.

4 Chinese Garden & Japanese Garden
Zwei einzigartige Landschaftsphilosophien stehen hinter den beiden Gärten auf Nachbarinseln im Jurong Lake. Der Chinese Garden besitzt eine herausragende Bonsai-Sammlung im Suzhou-Stil, bunte Gebäude und ein Steinboot. Jenseits der Bridge of Double Beauty liegt der Japanese Garden als Inbegriff von Ruhe und Frieden. Genießen Sie den Blick von der siebenstöckigen Pagode im Chinese Garden *(siehe S. 97)*.

Heitere Ruhe im Chinese Garden

 Fünf Prozent der Gesamtfläche Singapurs wurden unter Naturschutz gestellt.

Top 10 Singapur

Bukit Timah Nature Reserve

Bukit Timah, eines der letzten Gebiete primären Regenwalds in Singapur, birgt mehr Pflanzenarten als ganz Nordamerika. Hier sind Langschwanzmakaken und Gleitflieger zu sehen. Die Rundwege im Reservat reichen von 45-Minuten-Spaziergängen bis zu zweistündigen Mountainbike-Touren *(siehe S. 97)*.

MacRitchie Nature Trail

Von dem Steg, der um das Naturreservat führt, sind Reste von Singapurs Kautschukplantagen zu sehen. Die Wanderwege durch den Wald sind drei bis elf Kilometer lang. Ein 25 Meter hoher Baumwipfelpfad bietet Aussicht auf Baumkronen und Wasserspeicher. ◎ *Karte S2 • von Lornie Road ab • tägl. • www.nparks.gov.sg*

Sungei Buloh Wetland Reserve

Holzstege winden sich durch das Mangrovengebiet mit Schlammspringern und Waranen. Achten Sie auf die Atlasspinner, die mit bis zu 30 Zentimetern Spannweite größten Schmetterlinge der Welt. Von geschützten Plätzen am Wasser aus kann man Exemplare der 144 heimischen Vogelarten beobachten *(siehe S. 98)*.

East Coast Park

Für viele Reisende ist dieser Park das Erste, was sie von Singapur sehen. Er verläuft entlang der Autobahn vom Flughafen in die Stadt. Der lange Sandstrand mit schattigen, von Kasuarinen und Kokosnusspalmen gesäumten Wegen ist bei Rad- und Rollschuhfahrern beliebt. Hier

Orchideenblüte im National Orchid Garden

bieten die zahllosen Schiffe, die die Straße von Singapur durchqueren, ein großartiges Bild.
◎ *Karte T3 • East Coast Parkway • tägl 7–19 Uhr • www.nparks.gov.sg*

Chek Jawa

Das Ufer des Meeresschutzgebiets überspannt ein Steg. Von dort kann man Pfeilschwanzkrebse, Seesterne, Seeanemonen und Schwämme beobachten.
◎ *Karte V1 • Ostspitze von Pulau Ubin • nur nach Anmeldung: 6542-4108 • www.nparks.gov.sg*

Sentosa Nature Walk

Wegen der Kürze und der guten Beschaffenheit der Wege ist diese Wanderung durch Singapurs Wald auch für Kinder und ungeübte Menschen geeignet, nicht aber für Rollstühle oder Kinderwagen *(siehe S. 27)*.

Offizielle Website der Nationalparks in Singapur
www.nparks.gov.sg

Links **Thaipusam-Prozession** Rechts **Chingay-Parade**

TOP 10 Religiöse Feste

Chinesisches Neujahr
Singapurs wichtigster Feiertag wird im Januar oder Februar begangen. Die Festlichkeiten beginnen am Vorabend mit einem Abendessen im Familienkreis oder mit Freunden. Man besucht seine Lieben, dabei werden *hong bao* (rote Geldpakete) an Kinder und Alte verteilt.

Chingay Parade
Die chinesische Neujahrsparade besteht aus Festwagen sowie Vorführungen mit Musik, Tanz und Akrobatik. Neben Spieltruppen aus China sorgen Künstler aus aller Welt für multikulturelles Flair.

Opfer zum Hungry Ghost Festival

Thaipusam
Im Januar oder Februar ehren die Hindus Lord Muruga. Die Parade beginnt am Sri Srinivasa Perumal Temple (siehe S. 75) und endet am Sri Thandayuthapani Temple (siehe S. 39). Viele Gläubige tragen schwere *kavadis* (Metallgestelle mit Früchten und Blumen), durchstechen ihre Zunge und Wangen mit Spießen und treiben sich Haken in den Rücken.

Hungry Ghost Festival
Die Chinesen glauben, dass im August und September böse Geister über die Erde wandern. Um sie zu besänftigen, opfern sie Speisen, Räucherstäbchen und »Höllengeld« und führen chinesische Opern auf. Wichtige Ereignisse wie Hochzeiten oder Geschäftseröffnungen finden in dieser Zeit nicht statt.

Mid-Autumn Festival
Dieses Laternenfest feiert die Ernte. Man genießt Mohnkuchen, gefüllt mit süßer Lotuspaste, Eiern u. A. Der Chinesische und der Japanische Garten (siehe S. 42) sind dann mit riesigen Laternen geschmückt.

Hari Raya Puasa
Der muslimische Fastenmonat Ramadan hat seinen Höhepunkt zu Hari Raya Puasa, auch Aidil Fitri genannt. Das Fest wird mit Familie und Freunden gefeiert. Auch Nicht-Muslime werden gern zu den Festessen im privaten Kreis eingeladen. Das Datum dieses Feiertags variiert von Jahr zu Jahr.

Hari Raya Puasa im Familienkreis

Gotteshäuser siehe S. 38f

Thimithi
Im Oktober oder November zieht jährlich eine Prozession von Hindus vom Sri Srinivasa Perumal Temple zum Sri Mariamman Temple *(siehe S. 67)*, wo Priester eine Zeremonie leiten, die den Gang über glühende Kohlen beinhaltet.

Deepavali-Opfergaben auf dem Familienaltar

Deepavali
Hindus und Sikhs feiern im Oktober/November den Sieg des Guten über das Böse. Dabei soll das Licht Hunderter Öllampen den Seelen der Verstorbenen den Weg auf die Erde weisen. Diese verbringen dann einen Tag unter den Lebenden, bevor sie ins Jenseits zurückkehren.

Nine Emperor Gods
Nach taoistischem Glauben steigen die Neun Herrschergötter im November für neun Tage auf die Erde herab, um Kranke zu heilen und Glück zu bringen. Priester in chinesischen Tempeln singen Gebete, spirituelle Führer schreiben Zauberformeln mit Blut.

Weihnachten
Zu Weihnachten wird die ganze Orchard Road *(siehe S. 90–93)* prachtvoll dekoriert. In dieser festlichen Zeit kommen jährlich fast eine Million Besucher her.

Top 10 Sport- & Kultur-Events

1 Formel 1 SingTel Singapore Grand Prix
Das erste Nachtrennen in der Grand-Prix-Geschichte und zugleich das erste Straßenrennen in Asien findet immer im September statt.

2 Singapore Arts Festival
Den ganzen Juni über treten Kleinkunstgruppen aus aller Welt auf.

3 World Gourmet Summit
Der April ist in Singapur der Haute Cuisine gewidmet – mit Spitzenköchen aus aller Welt.

4 Singapore International Film Festival
Jeden April werden 300 meist asiatische Arthouse- und Independent-Filme gezeigt.

5 Dragon Boat Festival
Internationale Teams treten im Juni zum Drachenbootrennen an.

6 Singapore Food Festival
Das einmonatige Fest im Juli feiert die einheimische Küche. Es beinhaltet auch Kurse und Führungen.

7 Great Singapore Sale
Sechs Wochen im Juni und Juli bieten Singapurs Händler Preisnachlässe.

8 Ballet Under the Stars
Die große Tanzveranstaltung im Juli umfasst verschiedene Spielorte in Singapur.

9 Nationalfeiertag, 9. August
Die Show zur Feier der Staatsgründung ist riesig. Die Tickets dafür werden verlost.

10 ARTSingapore
Jeden Oktober verkaufen die Kunstgalerien der Stadt ihre besten asiatischen Werke.

Eine Liste weiterer Feste und Veranstaltungen in Singapur finden Sie unter **www.touristiklinks.de/stadt/singapur/veranstaltungen/**

Links **The Substation** Mitte **Jubilee Theatre** Rechts **DBS Arts Centre**

Theater & Kulturzentren

1 Esplanade – Theatres on the Bay
Dieses Wahrzeichen von Singapur wurde als Zentrum für darstellende Kunst gebaut. Es birgt zwei Bühnen (Konzertsaal und kleinerer Vortragssaal) für Konzerte, Theater- und Tanzauftritte internationaler und einheimischer Gruppen. Das Zentrum verfügt auch über eine Open-Air-Bühne an der Marina Bay *(siehe S. 35).*

2 Victoria Theatre & Concert Hall
Obwohl die Konzertbühne die Heimat des Singapore Symphony Orchestra ist, finden hier auch andere Aufführungen statt. Akustisch reicht der Konzertsaal zwar nicht an den des Esplanade-Theaters heran, doch das Ambiente ist wunderbar. Die gut erhaltenen Stuckelemente, Wand- und Kronleuchter des prachtvollen viktorianischen Baus sind ebenso Teil der Aufführung wie die Musik selbst *(siehe S. 85).*

3 The Arts House at Old Parliament House
In den ehemaligen Sitzungssälen des alten Parlamentgebäudes finden heute Tanz- und Musikaufführungen, Dichterlesungen, Vorlesungen, Filmvorführungen und andere Veranstaltungen statt. Die alten Säle mit Holzböden, Stuckverzierungen und schönen Einbauten sind sehr einladend. Das Gebäude birgt auch ein Café und eine Kneipe *(siehe S. 85).*

4 Jubilee Theatre
Das kleine Theater befindet sich in den Freizeitarkaden des Raffles Hotel. Es zeigt Stand-up Comedy, Musikaufführungen und Independent-Produktionen. Bei Drinks und einem Essen kann man hier einen unterhaltsamen Abend verbringen. *Karte M1*
- *Raffles Hotel Arcade • 6337-1886*
- *www.singapore.raffles.com*

5 DBS Arts Centre
Das Zentrum ist der Stammsitz des preisgekrönten Singapore Repertory Theatre (SRT) – eines der führenden englischsprachigen Theater im asiatischen Raum und Singapurs beliebtesten Ensembles. Es ist von Restaurants und Clubs umgeben. Die Little Company veranstaltet hier Theater für Kinder.
Karte J2 • 20 Merbau Rd., Robertson Quay • 6733-0005
- *www.srt.com.sg*

Auftritt im Esplanade – Theatres on the Bay

Ein Restaurantbesuch rundet den kulturellen Abend ab siehe S. 58f, S. 71, S. 83, S. 89, S. 95 & S. 101

Top 10 Singapur

Art of Our Time Gallery im Singapore Art Museum

Singapore Art Museum
Das Museum besitzt weltweit die größte staatliche Sammlung südostasiatischer Kunst des 20. Jahrhunderts. 1996 wurde es renoviert und mit Klimasteuerungen ausgestattet. Damit sollen die Werke, darunter auch wertvolle Leihgaben, geschützt werden *(siehe S. 36)*.

ARTrium@MICA
Im Foyer des Ministry of Information Communications and the Arts (MICA) verkaufen eine Reihe von Galerien zeitgenössische Werke von bedeutenden asiatischen Künstlern, überwiegend aus Indien, China und Südostasien. Besonders erwähnenswert sind dabei Gajah Gallery und Art-2. ◎ *Karte L2 • 140 Hill St. • tägl. 11–19 Uhr*

The Substation
Singapurs älteste Heimstatt für Independent-Künstler betreibt ein Black-Box-Theater, eine Galerie und andere Veranstaltungsräume. Geboten sind Konzerte, traditionelle Tanzaufführungen, experimentelles Theater, Dichterlesungen und Filmfestivals. ◎ *Karte L1 • 45 Armenian St. • 6337-7800 • www.substation.org*

Singapore Tyler Print Institute
Das 2002 gegründete Institut arbeitet mit internationalen Künstlern, um zum einen herausragende Drucke auf Papier herzustellen und zum anderen die technischen und kreativen Aspekte von Druck und Papierherstellung zu untersuchen. Es ist in einem Lagerhaus aus dem 19. Jahrhundert untergebracht, in dem die Künstler arbeiten, ausstellen und ihre Werke verkaufen. ◎ *Karte J2 • 41 Robertson Quay • 6336-3663 • Mo–Sa 10–18 Uhr • www.stpi.com.sg*

Sculpture Square
Das Gelände einer alten Kirche birgt moderne Skulpturen lokaler Künstler. Gemeinschaftliche Programme dienen der Kunstförderung vor Ort. ◎ *Karte F5 • 1 Middle Rd. • 6333-1055 • Mo–Fr 11–18 Uhr, Sa & So 12–18 Uhr • www.sculpturesq.com.sg*

Das Singapore Tourism Board führt auf seiner Website auch die Sparte Kunst & Unterhaltung www.visitsingapore.de

Links **VivoCity** Rechts **Challenger-Laden in der Funan DigitaLife Mall**

Shopping Malls

VivoCity
Singapurs größte Shopping Mall bietet schöne Ansichten der Stadt. Von einigen Plattformen blickt man auf die Seilbahn nach Sentosa. VivoCity ist durchdacht und luftig gestaltet. Zu den Einrichtungen zählen ein Multiplex-Kino, Food Courts und Restaurants, ein Spielplatz und sogar ein Planschbecken auf dem Dach. ◊ *Karte S3* • *1 Harbourfront Walk* • *6377-6870* • *tägl. 10–22 Uhr*

Buddha-Statue im Tanglin Shopping Centre

Ngee Ann City
Der Marmorkomplex wird nach seinem Hauptpächter auch allgemein Takashimaya genannt. Dieser japanische Laden präsentiert Luxusmarken wie Louis Vuitton, Chanel und Tiffany. Die Mall birgt aber auch bekannte Modeketten wie Zara, Mango und Giordano sowie einen ausgezeichneten Food Court. Leseratten sollten Kinokuniya Singapore besuchen, den angeblich größten Buchladen Asiens *(siehe S. 92)*.

Tanglin Shopping Centre
Dieser Ort ist nicht zu verwechseln mit der Tanglin Mall *(siehe S. 92)*. Hier entkommt man den üblichen Marken und kann in entspannter Atmosphäre Antiquitäten, Schmuck und Kunst durchstöbern. Eine gute Auswahl traditioneller und moderner asiatischer Möbelstücke und Teppiche bietet Hassan's – einer der ältesten familienbetriebenen Teppichläden der Stadt. Select Books führt südostasiatische Literatur. ◊ *Karte A4* • *19 Tanglin Rd.* • *6737-0849* • *Mo–Sa 12–18 Uhr*

Hilton Shopping Gallery
Exklusivität wird im glamourösen Hilton Hotel natürlich großgeschrieben. Auf drei Etagen finden Sie hier edelste Designerboutiquen von Missoni, Gucci und Valentino. Eine Brücke führt hinüber zu den Arkaden des Four Seasons mit Kunst und Gemälden *(siehe S. 94)*.

Ngee Ann City in der Orchard Road

Singapurer Familien gehen am Wochenende gern in Shopping Malls, um einzukaufen, zu essen und der Hitze zu entfliehen.

Eingang zur Lucky Plaza

Far East Plaza
Dieser Shopping-Komplex vereint mehr als 800 Läden. Er ist meist überfüllt und wirkt etwas schäbig, zeigt damit aber eine andere Seite der Orchard Road. Auf den unteren Etagen findet man Alltagsmode und einheimische Labels; oben gibt es Schneider, Friseure und Tattoo-Studios. ◈ *Karte B4 • 330 Orchard Rd. • 6734-2325 • tägl. 11–22 Uhr*

Lucky Plaza
Da dieses Shopping-Center Treffpunkt der philippinischen Gemeinde ist, versammeln sich hier sonntags ganze Heerscharen von Fremdarbeitern. Beim Einkauf sollten Sie die Qualität der Waren sorgsam prüfen – die Händler stehen in dem Ruf, Ausländer zu übervorteilen. ◈ *Karte B4 • 304 Orchard Rd. • 6235-3294 • tägl. 10–21 Uhr*

Sim Lim Square
Auf sechs Etagen kommen Technikfans voll auf ihre Kosten. Singapurs größter Elektronikmarkt Sim Lim bietet eine enorme Produktpalette. Sie sollten jedoch nur bei zugelassenen Händlern kaufen und dabei auf die zulässige Voltzahl der Geräte achten.

◈ *Karte F4 • 1 Rochor Canal Rd. • 6338-3859 • tägl. 10.30–21 Uhr.*

Funan DigitaLife Mall
Namhafte Läden, echte Fabrikate, faire Preise und eine friedliche Atmosphäre machen Funan zu einem guten Ort, um Elektronikartikel zu kaufen. Am Cash Refund Counter können sich Besucher die Mehrwertsteuer GST *(siehe S. 109)* rückerstatten lassen. ◈ *Karte L2 • 109 North Bridge Rd. • 6336-8327 • tägl. 10.30–20.30 Uhr*

Raffles City Shopping Centre
Der Komplex aus mehreren Malls verbindet Stamford Hotel und Fairmont Hotel mit City Hall MRT, CityLink und Marina Square. Ein Concierge-Service bucht Karten für Ausflüge und Events und verleiht Buggys und Rollstühle.
◈ *Karte M2 • 252 North Bridge Rd. • 6318-0238 • tägl. 10–21.30 Uhr*

Singapore Handicraft Centre
Das Kunsthandwerkszentrum vereint 50 unabhängige Läden, die von Souvenirs über chinesische Antiquitäten und Jade bis zu Kunstgegenständen nahezu alles bieten. Auch einheimische Maler und Fotografen verkaufen hier Bilder. ◈ *Karte K3 • 133 New Bridge Rd. • 6534-0112 • tägl. 10.30–18 Uhr*

Im Juni/Juli findet der Great Singapore Sale statt, ein sechswöchiger Ausverkauf in der ganzen Stadt **siehe S. 45**

Links **Wasserpark Wild Wild Wet** Mitte **Singapore Science Centre** Rechts **Escape Theme Park**

Attraktionen für Kinder

Escape Theme Park
Der Park begeistert größere Kinder mit Achterbahn, Riesenrad und Asiens größter Wasserrutsche. Die Kleineren bevorzugen den Red Baron Flyer. ❧ *Karte U2 • 1 Pasir Ris Close • 6581-9128 • Sa & So 10–20 Uhr (während der Ferien tägl.) • Eintritt • www.escapethemepark.com*

Wild Wild Wet
Für nasses Vergnügen sorgen hier zahlreiche Wasserrutschen und Wasserlabyrinthe sowie Ular-Lah – Südostasiens erste Wildwasserrutsche. ❧ *Karte U2 • 1 Pasir Ris Close • 6581-9128 • Mo & Mi–Fr 13–19 Uhr, Sa, So & Feiertage 10–19 Uhr • Eintritt • www.wildwildwet.com*

eXplorerKid Family Park
Während die Kleinen sich durch den Hindernisparcours des Mystical Forest mühen, können Eltern im Erwachsenenbereich Sport treiben oder DVDs ansehen. ❧ *Karte U2 • 1 Pasir Ris Close • 6589-1668 • Mo–Do 12–22 Uhr (Nebensaison), Fr–So & Feiertage 10–22 Uhr • Eintritt • www.explorerkid.com*

Singapore Science Centre
Unter den 850 Exponaten findet sicher jedes Kind das Passende. Im Kinetic Garden präsentieren Skulpturen Wasser-, Wind- und Sonnenenergie. Die Discovery Zone birgt ein Insektarium mit grusligen Krabbeltieren. ❧ *Karte R2 • 15 Science Centre Rd. • 6425-2500 • Di–So 10–18 Uhr • Eintritt • www.science.edu.sg*

Aras im Jurong Bird Park

Singapore Discovery Centre
Entdecken Sie das Singapur von heute in diesem »Edutainment-Center«. Die Giant Light & Sound Show wird Sie bezaubern, die Smart Show testet Ihr Wissen auf Gebieten von Mathematik bis Musik. ❧ *Karte Q2 • 510 Upper Jurong Rd. • 6792-6188 • Di–So 9–18 Uhr • Eintritt • www.sdc.com.sg*

Underwater World
Haie und Rochen umkreisen Besucher auf dem Rollband durch den Aquariumtunnel. Kinder dürfen Schildkröten füttern und im Streichelbecken Seesterne und Haibabys berühren *(siehe S. 26)*. ❧ *Karte S2 • 80 Siloso Rd., Sentosa • 6275-0030 • tägl. 9–21 Uhr • Eintritt*

Faszinierende Underwater World

Hotels für Familien siehe S. 116

Delfine streicheln in der Dolphin Lagoon

Jurong Bird Park
Der Vogelpark zählt zu den größten seiner Art. Eine Hängebahn durchquert das Waterfall Aviary mit dem größten künstlichen Wasserfall der Welt *(siehe S. 97)*.

Singapore Crocodile Farm
Lernen Sie alles über Krokodile und zählen Sie mit, wie viele Arten Sie auf dem Weg durch die alte Zuchtfarm entdecken. Die Häutungsanlage aus den 1940er Jahren ist noch original. *Karte T2 • 790 Upper Serangoon Rd. • 6288-9385 • tägl. außer feiertags 9–18 Uhr • www.singaporecrocfarm.com*

Snow City
In Snow City können Sie Ski oder Snowboard fahren, während Ihre Kinder Schneemänner bauen oder den Iglu in der Spielzone erkunden. Die Temperatur beträgt -5 °C – ziehen Sie sich also warm an. Es gibt Mäntel und Stiefel zu leihen. *Karte R2 • 21 Jurong Town Hall Rd. • 6560-2306 • Di–So 9.45–17.15 Uhr • Eintritt • www.snowcity.com.sg*

Dolphin Lagoon
Fast alle Kinder lieben es, den indopazifischen Buckeldelfinen beim Springen und Spielen zuzusehen. Wer rechtzeitig bucht, darf sogar mit ins Becken. *Karte S3 • Palawan Beach, Sentosa • 6275-0030 • tägl. 10.30–18 Uhr • Eintritt • www.sentosa.com.sg*

Top 10 Sportarten

1 Golf
Für Gäste gibt es Plätze an der Marina Bay *(siehe S. 22)*, auf Sentosa *(siehe S. 27)* und im Club Tanah Merah. *Tanah Merah Country Club: 25 Changi Coast Rd. (Karte V2); 6545-1731*

2 Sea Canoeing
Kajaks und Kanus mietet man auf Sentosa oder im East Coast Park *(siehe S. 43)*.

3 Wasserskifahren
SKI360 ist Singapurs erster Wasserski-Park mit Seilbahn. *Karte U2 • 1206A East Coast Parkway • 6442-7318*

4 Windsurfen
Water-Venture im East Coast Park bietet Wassersportkurse und Equipment. *Karte T3 • 1390 East Coast Parkway • 6444-0409*

5 Segeln
Die Singapore Sailing Federation veranstaltet Kurse für jedes Alter. *Karte U2 • 1500 East Coast Parkway • 6444-4555*

6 Tauchen
Mehrere Tauchläden bieten Training, Ausrüstung und Ausflüge zu guten Tauchgründen. *Karte R2 • Diventures, S-17 Pandan Loop • 6778-0661*

7 Wandern
Wandern Sie durch die Regenwaldparks Bukit Timah und MacRitchie *(siehe S. 43)*.

8 Fahrradfahren
Im East Coast Park, auf Sentosa und auf Pulau Ubin kann man Räder mieten.

9 Rollschuhfahren
Der East Coast Park eignet sich herrlich zum Rollerbladen. Es gibt viele Verleiher.

10 Beachvolleyball
Siloso Beach auf Sentosa hat vier Plätze. Da sie sehr beliebt sind, sollte man an Wochenenden früh da sein.

 Auch ein Besuch im Singapore Zoo macht Kindern Spaß – vor allem seit Eröffnung der Rainforest Kidzworld **siehe S. 20f**

Links **Oriental Spa** Mitte **Shirodhara-Ölbehandlung** Rechts **Spa Botanica**

TOP 10 Wellness-Oasen

1. Willow Stream Spa

Das in warmen Erdtönen gehaltene Spa des Fairmont Hotel bietet Verwöhnprogramme für den ganzen Körper. So umfasst z. B. »Willow Stream Elements« Moorpackung, Mineralbad, Aromatherapie und warme Massage. Das himmlische »Singapore Luxury Facial« schließt Hand-, Fuß- und Kopfmassagen ein. ✆ *Karte M1 • 80 Bras Basah Rd. • 6431-5600 • tägl. 9–22 Uhr • www.fairmont.com*

2. Spa Esprit im HOUSE

Gönnen Sie sich hier nach einem langen Flug eine Kajogal-Massage. Dabei bringt ein Profi Ihre Gliedmaßen in 20 verschiedene Yoga-Positionen. Rundum gelockert geht es dann zum Drink in die hauseigene Camp-Bar oder in den Tippling Club. ✆ *Karte S3 • 8D Dempsey Rd. • 6479-0070 • So–Mi 10–21 Uhr, Do–Sa 10–1 Uhr • www dempseyhouse.com*

3. Estheva Spa

In diesem Damen-Spa dreht sich alles um echten Luxus. Versuchen Sie »choc de-ager«. Die

Estheva Spa

Aspara-Suite

Anwendung beinhaltet Schokoladen-Körperpeeling, Schokoladenfondue-Packung und warme Mandelölmassage. Angeblich stecken darin viermal so viele Antioxidantien wie in Tee. ✆ *Karte A4 • Palais Renaissance, 390 Orchard Rd. • 6733-9300 • Mo–Fr 10–22 Uhr, Sa & So 10–20 Uhr • www.estheva.com*

4. The Asian Spa

Therapeuten aus Singapur, Japan und Thailand verbinden für die Anwendungen asiatische und westliche Techniken. So genießen Sie nach der traditionellen Massage aus Java noch eine Kollagen-Gesichtsbehandlung. Die »Aroma Meridian Massage« vereint chinesisches Yin und Yang, westliche Aromatherapie und Akupressur. ✆ *Karte M3 • Fullerton Hotel, 1 Fullerton Square • 6877-8183 • tägl. 10–23 Uhr*

5. The Aspara

Die Therapeuten des Aspara beherrschen schwedische, thailändische und indonesische Massagetechniken. Ihre Spezialität sind Aromatherapie-Massagen

➔ *Vorhergehende Doppelseite* **Chinesischer Drache – ein beliebtes künstlerisches Motiv**

mit individuell zusammengestellten Ölen und einem Zucker-Peeling.
👁 Karte B3 • Goodwood Park Hotel, 22 Scotts Rd. • 6732-3933 • tägl. 10–23 Uhr

Ayurlly Ayurvedic Spa

Hier werden jahrhundertealte Ayurveda-Techniken angewandt und Kräuteröle nach gründlicher Anamnese individuell zusammengestellt. *Chandramukhi*, eine Anwendung, bei der zwei Masseure synchron arbeiten, soll bei Rheuma, Sehproblemen und Schlafstörungen helfen und das Leben verlängern. 👁 Karte F4 • Tekka Mall, 2 Serangoon Rd. • 6737-5657 • Mo–Sa 10–20 Uhr • www.mayooryspa.com

The Oriental Spa

Schon beim Betreten des Spas fällt jeglicher Stress von einem ab. Dann relaxt man bei orientalischen Massagen, die thailändische, schwedische und Shiatsu-Techniken vereinen. Die Couple's Suite bietet einen privaten Entspannungsbereich.
👁 Karte N2 • Mandarin Oriental Singapore, 5 Raffles Avenue • 6338-0066 • www.mandarinoriental.com

Spa Botanica

Dieses Spa inmitten üppiger Gärten mit Schlammbecken und Wasserfällen bietet preisgekrönte Therapien wie das dreistündige »Singapore Flower Ritual«, eine Druckmassage, gefolgt von Aromatherapie und einem Bad in Frangipani-Blüten.
👁 Karte S3 • Sentosa Resort & Spa, 2 Bukit Manis Rd. • 6371-1318 • tägl. 10–22 Uhr • www.spabotanica.com

Außenpool, Spaboutique

Spaboutique

Ein schwarz-weißer Flachbau aus der Kolonialzeit birgt dieses reich mit Antiquitäten und Kunst bestückte Spa. Es besitzt einen wunderschönen Garten. Jede der Anwendungen erfüllt höchste Standards, doch wie das Rosen-Lavendel-Körperpeeling die Haut zum Strahlen bringt, grenzt fast schon an ein Wunder. 👁 Karte S3 • 6 Nassim Rd. • 6887-0760 • Mo–Fr 12–22 Uhr, Sa & So 10.30–22 Uhr • www.spaboutique.com.sg

Bel Amis SPA de Feng

Das reine Männerspa ist für seine »Spa de Feng Relaxation Massage« berühmt, die schwedische und japanische Techniken, Shiatsu und chinesische Akupressur umfasst. Die »Detoxification Massage« soll den Lymphfluss fördern. 👁 Karte L3 • 18B Circular Rd. • 6533-5076 • Mo–Do 11–22 Uhr, Fr–So 12–23 Uhr • www.spadefeng.com

Wissenswertes über Massagen & andere Anwendungen
www.gesundheit.de/fitness-wellness/sanfte-medizin/

Links **Imbissstand im Maxwell** Mitte **Newton Food Centre** Rechts **Food Republic im Wisma Atria**

Hawker Centers & Food Courts

1. Maxwell Food Centre
Das beliebte Hawker Center in Chinatown bietet eine breite Palette chinesischer Leibspeisen mit Reis. Kosten Sie das berühmte Hainan-Chicken am Stand von Tian Tian Hainanese Chicken Rice. ✪ *Karte K5 • Ecke South Bridge & Maxwell Rd. • tägl. 11–22 Uhr*

2. Lau Pa Sat Festival Market
Dank der Lage mitten im Finanzdistrikt ist dieser viktorianische Markt bei Mittagsgästen sehr beliebt. Auch spät am Abend kommen viele hierher, um Satay und gegrillten Stachelrochen mit Bier zu genießen. ✪ *Karte M4 • Ecke Cross St. & Raffles Quay • tägl. 11–3 Uhr*

3. Newton Food Centre
Frühmorgens ist in diesem rund um die Uhr geöffneten Center am meisten Betrieb. Fremdenführer kommen gern hierher. Bei der Bestellung an Fischständen sollten Sie genau auf die Preise achten, Besucher werden dort oft übervorteilt. Die Fischklöße von Soon Wah sind lecker. ✪ *Karte C2 • 500 Clemenceau Ave. • tägl. 11–3 Uhr*

Chili Crab

4. Chomp Chomp
In diesem berühmten Hawker Center in der Vorstadt genießt man köstlichen gegrillten Fisch in entspanntem Gartenambiente. Ein Stand verkauft äußerst schmackhaften Karottenkuchen. ✪ *Karte T2 • 20 Kensington Park • tägl. 11–3 Uhr*

5. East Coast Lagoon Food Village
Die Meeresbrise sorgt in diesem Hawker Center für Kühle. Gute gegrillte Meeresfrüchte gibt es bei Leng Hong, laksa bei Roxy und Satay bei Haron 30. Nach dem Essen schmeckt dann ein Bier am Strand. ✪ *Karte U2 • 1220 East Coast Park Service Rd. • tägl. 11–23 Uhr*

6. Tekka Market
Dieser Imbissmarkt ist vorübergehend ausgelagert, da sein ursprünglicher Standort renoviert wird. Trotz seiner Lage in Little India gibt es hier nicht nur indische Küche, sondern Gerichte aus aller Welt. ✪ *Karte F3 • vorübergehende Adresse: Race Course Rd. • tägl. 11–23 Uhr*

Imbisshalle des Lau Pa Sat Festival Market

Hawker Center sind Hallen mit Essensständen und einem großen Sitzbereich, Food Courts die Imbissbereiche in Shopping Malls.

Tische im Freien, Chinatown Food Street

Top 10 Traditionelle Gerichte in Singapur

1 Laksa
Reisnudeln, Krabben und Fischküchlein in reichhaltiger Suppe aus Kokosnusscurry krönt man mit Chili und Laksablatt (einheimisches Kraut).

2 Kaya Toast
Toast mit süßem Aufstrich aus Kokosnussmilch und Ei wird zum Frühstück oder zwischendurch gegessen.

3 Chili Crab
Zu Krebsen in süßsaurerscharfer Sauce gibt es Brötchen zum Eintunken.

4 Fish Head Curry
Ganze Fischköpfe werden in Curry geschmort – es heißt, die Bäckchen schmecken am besten.

5 Banana Leaf
Das südindische Gericht aus Reis, Gemüsecurrys und Würzsauce wird auf einem Bananenblatt serviert.

6 Nasi Padang
Indonesische oder malaiische Gargerichte wie Rindfleisch-*rendang* oder *Assam*-Curry isst man stets mit Reis.

7 Satay
Eine süße Erdnuss-Chilisauce krönt diese kleinen gegrillten Fleischspieße.

8 Chicken Rice
Geschmortes oder gebratenes Hähnchenfleisch wird auf in Hühnerbrühe gekochtem Reis serviert.

9 Roti Prata
Indisches Brot, oft gefüllt mit Zwiebeln, Kartoffeln oder Eiern, tunkt man in *dal* oder Fischcurry.

10 Chendol
Das indonesische Dessert ist aus grünen Glasnudeln, Süßbohnen, braunem Zucker, Kokosnussmilch und Rasureis.

7 Food Republic
Die Kette betreibt Food Courts in mehreren Shopping Malls. Alle sind im Stil asiatischer Märkte gestaltet und bieten mit exzellenten Hawker-Ständen und Restaurants eine herrliche Vielfalt. ◉ *Wisma Atria, 435 Orchard Rd. (Karte B4)* ◉ *Suntec City Mall, Temasek Ave. (Karte P2)* ◉ *VivoCity (siehe S. 48)*

8 Chinatown Complex
Das frisch renovierte Hawker Center in dieser Mall ist für die beste chinesische Küche in Singapur bekannt. Kosten Sie *cze cha*, Reis aus dem Tontopf, Klößchen, Karottenkuchen und mehr – alles ist lecker. ◉ *Karte K4 • 335 Smith St. • tägl. 11–23 Uhr*

9 Chinatown Food Street
Um 17 Uhr wird ein Straßenstück abgesperrt, um Tische aufzustellen. Gäste bestellen an den Ständen, das Essen wird dann am Tisch serviert. Besonders gut ist Boon Tat Street Barbecued Seafood. ◉ *Karte K6 • Smith Street • So–Do 17–23 Uhr, Fr, Sa & So 17–1 Uhr*

10 Makansutra Glutton's Bay
Das Hawker Center am Ufer bietet bis spätnachts *mee goreng* (scharfe gebratene Nudeln), Hähnchenflügel und kaltes Bier. ◉ *Karte N2 • 8 Raffles Ave. • tägl. 18–3 Uhr*

Top 10 Singapur

 Restaurants siehe S. 58f, S. 71, S. 83, S. 89, S. 95 & S. 101

57

Links **Edles Ambiente im Summer Pavilion** Rechts **Speisesaal des Club Chinois**

TOP 10 **Restaurants**

Raffles Grill
Das vornehmste und eleganteste Lokal des Raffles Hotel serviert französische Haute Cuisine. Die saisonale Speisekarte führt mitunter Köstlichkeiten wie *foie gras* von der Ente, frischen Steinbutt und zartes *wagyu*-Rind. Die Jahrgänge der Weine reichen zurück bis 1900. ◈ *Karte M1*
• *1 Beach Rd.* • *6331-1612*
• *Mo–Fr 12–14 & 19–22 Uhr, Sa 19–22 Uhr* • *www.raffleshotel.com* • *$$$$$*

Doc Cheng's
Das ganz eigene Ambiente hier ist ein Mix aus orientalisch und kolonial. Sogar das Silberbesteck lässt sich zugleich als Stäbchen verwenden. Die modern-asiatische Speisekarte präsentiert Aromen des ganzen Kontinents – Süßkartoffelblätter im Wok mit scharfer Krabbenpaste, *Miso*-Dorsch und gebratenen Lachs mit indischen Gewürzen. ◈ *Karte M1* • *Raffles Hotel Arcade, 1 Beach Rd.* • *6412-1816* • *Mo–Fr 12–14 & 19–22 Uhr* • *$$$$*

Schild des IndoChine

IndoChine Waterfront
Von den fünf IndoChine-Restaurants in Singapur hat dieses die beste Lage. Reservieren Sie einen Tisch auf der Terrasse mit Blick auf den Boat Quay. Schwerpunkt der asiatischen Fusionsküche sind vietnamesische Gerichte mit Limone, Chili und frischen Kräutern. ◈ *Karte M3*
• *1 Empress Place* • *6339-1720* • *Mo–Fr 12–15 & 18.30–23.30 Uhr, Sa & So 18.30–23.30 Uhr* • *www.indochine.com.sg* • *$$$$*

Morton's of Chicago
In diesem Steakhouse tischen eifrige Kellner riesige Platten mit Rindfleisch oder Gemüse auf. Auch Meeresfrüchte wie herrlich frischer Hummer, Austern und Krabben sind im Angebot.
◈ *Karte N2* • *Mandarin Oriental Hotel, 5 Raffles Ave.* • *6339-3740* • *tägl. 17.30–22/23 Uhr* • *Reservierung empfohlen* • *www.mortons.com* • *$$$$$*

Club Chinois
Genießen Sie exquisite kantonesische Gerichte in einem opulenten Speisesaal. Die knusprige Pekingente mit fünffach gewürzter *foie gras* ist köstlich, die gebratene Lammkeule wundervoll zart. À la carte zu essen, ist hier relativ kostspielig, es gibt aber einige preisgünstige Menüs.
◈ *Karte A4* • *Orchard Parade Hotel, 1 Tanglin Rd.* • *6834-0660* • *tägl. 12–14.30 & 18.30–22.30 Uhr* • *www.tunglok.com* • *$$$$*

Doc Cheng's

 Wenn auf Speisekarten hinter dem Preis zwei Pluszeichen stehen, kommen noch 10 % Servicegebühr und 8 % Steuern hinzu.

Summer Pavilion

Das schickste Restaurant des Ritz-Carlton serviert erstklassige kantonesische Gerichte. Absolute Renner sind das *dim sum* und die Hummernudeln. Die Festpreismenüs sind erschwinglich, der Service lässt keine Wünsche offen. ◎ *Karte N2*
• *7 Raffles Avenue* • *6434-5286*
• *tägl. 11.30–14.30 & 18.30–22.30 Uhr* • *www.ritzcarlton.com* • *$$$$$*

Morton's of Chicago

Au Jardin

Dieses Restaurant liegt sehr romantisch in Singapurs Botanischem Garten. Küchenchef Galvin Lim bietet französische Küche mit Table d'Hote und Degustationsmenüs, provenzalisches Büfett am Sonntag und eine eigene Speisekarte für den freitäglichen Damen-Lunch. ◎ *Karte S2* • *Cluny Rd.*
• *6466-8812* • *tägl. ab 19 Uhr, Fr, Sa & So auch 12–14 Uhr* • *$$$$$*

Rang Mahal

Die Küche des luxuriösen Lokals verdient die regelmäßigen Auszeichnungen. Für eine Kostprobe bestellen Sie *thali*, eine Auswahl verschiedener Gerichte der Karte. ◎ *Karte N2* • *Pan Pacific, 7 Raffles Boulevard* • *6333-1788* • *tägl. 18.30–22.30 Uhr, So–Fr auch 12–14.30 Uhr* • *www.rangmahal.com.sg* • *$$$$*

Inagiku

Dunkle Erdtöne und punktuelle Beleuchtung kennzeichnen dieses japanische Restaurant. Genießen Sie eines der günstigen Mittagsmenüs mit Hummer oder Rinderlende oder kosten Sie das exquisite Sushi. ◎ *Karte M1*
• *Fairmont Singapore, 80 Bras Basah Rd.*
• *6431-6156* • *tägl. 12–14.30 & 18.30–22.30 Uhr* • *www.fairmont.com* • *$$$$$*

Pierside Kitchen & Bar

Hier liegt der Fokus auf exzellentem Fisch, der direkt am Wasser serviert wird. Zu empfehlen sind die frischen *fruits de mer*, mit Vanille pochierter Hummer oder Oktopus und der Tomatensalat. ◎ *Karte M3* • *1 Fullerton Rd.*
• *6348-0400* • *Mo–Do 11.30–14.30 & 18.30–22.30 Uhr, Fr & Sa 18.30–23 Uhr*
• *www.marmaladegroup.com* • *$$$$*

Preiskategorien **siehe S. 71**

Links **Harry's Bar, Boat Quay** Rechts **Café del Mar Singapore**

TOP 10 Bars & Lounges

1 Harry's Bar, Boat Quay
Dies war die Stammkneipe von »Rogue Trader« Nick Leeson (siehe S. 31). Wegen der Nähe zum Finanzdistrikt kommen nach wie vor viele Geschäftsleute auf ein feierabendliches Bier hierher. Am Fluss kann man nett im Freien essen. Hausband und Gastmusiker bieten Jazz und Blues. ◊ *Karte L3 • 28 Boat Quay • 6538-3029 • So–Do 11–1 Uhr, Fr & Sa 11–2 Uhr*

2 Harry's, Dempsey Hill
Diese einfache, sehr entspannte Lounge der Harry's-Kette eröffnete erst kürzlich inmitten der wachsenden Ansammlung an Galerien, Restaurants und Kneipen auf Dempsey Hill. Sofas und niedrige Tischchen sorgen für die lockere Atmosphäre. Von 17 bis 21 Uhr ist Happy Hour, von Mittwoch bis Samstag gibt es sogar Live-Musik. ◊ *Karte S3 • 11 Dempsey Rd. • 64/1-9019 • Mo–Fr 16–1/2 Uhr, Sa & So 12–1/2 Uhr*

3 Crazy Elephant
Jeden Abend gibt es hier Rock'n'Roll von einheimischen und Gastmusikern. Der Schwerpunkt der Bar liegt auf Musik und Bier, daher geht es etwas lockerer zu als in den anderen Bars. Plätze im Freien bieten Blick auf den Fluss. ◊ *Karte K2 • Clarke Quay • 6337-7859 • tägl. 17–2/3 Uhr*

4 No. 5, Emerald Hill
Die Bar liegt in einem Peranakan-Shophouse von 1910 nahe der Orchard Road. Lage, Ambiente und Cocktails locken vor allem ausländische Bürger nach der Arbeit an. Tagsüber ist es ruhiger und man kann die chinesischen Teakschnitzereien und Opiumbetten bestaunen. ◊ *Karte C5 • 5 Emerald Hill • 6732-0818 • tägl. 12–2/3 Uhr*

5 Jazz@Southbridge
Der Besitzer dieser gut besuchten Bar ist Purist: Nicht ein Hauch von Blues oder Rock ver-

Live-Musik im Crazy Elephant

 Clubs & Discos siehe S. 62f

wässert hier den erstklassigen Jazz. Die großartige Hausband und hervorragende Gastmusiker jammen sonntagabendlich. An der Whisky-Bar stehen mehr als 60 verschiedene Malts und Blends zur Auswahl. ✪ *Karte L3 • 82b Boat Quay • 6327-4671 • Di–So 17.30–1 Uhr, Fr & Sa 17.30–2 Uhr*

Café del Mar Singapore
Schnappen Sie sich an Sentosas Siloso Beach einen Loungesessel am Pool dieses Strandclubs im Ibiza-Stil und genießen Sie den Sonnenuntergang. DJs legen tagsüber Jazz-Club-Fusion auf, während Piña Coladas und Caipirinhas die Stimmung anregen. Die entspannte Atmosphäre wird samstagabends deutlich dynamischer – da gibt es Schaumpartys. ✪ *Karte S3 • 40 Siloso Beach Walk, Sentosa • 6235-1296 • Mo–Fr 11–1 Uhr, am Wochenende rund um die Uhr*

Muddy Murphy's Irish Pub
Wer einen übermächtigen Durst auf Guinness verspürt, kommt in dieser netten Bar auf seine Kosten. Trotz der Kellerlage bietet sie auch einladende Sitzgelegenheiten im Freien. Innen laufen auf dem Großbildfernseher internationale Rugby- und Fußballspiele. Am Wochenende gibt es Pop und Rock live.
✪ *Karte A3 • 442 Orchard Rd. • 6735-0400 • tägl. 11–1/2 Uhr*

Loof
Witz und Geschäftssinn paaren sich in der witterungsexponierten Dachbar, wenn es bei Regen zwei Drinks zum Preis von einem gibt. Schöne junge Leute aalen sich auf Ledersofas, ignorieren cool die sensationelle Aussicht

Muddy Murphy's Irish Pub

und sehnen wohl heimlich einen Regenguss herbei. ✪ *Karte M1 • 331 North Bridge Rd. • 6338-8035 • Mo–Fr 17–1.30 Uhr, Sa & So 17–3 Uhr*

Balcony Bar
Die Bar in der Heeren Arcade präsentiert Nouveau-Morocco-Stil: Schaukeln, Sofas, Windlichter und ein Dach-Jacuzzi. DJs sorgen für passende Clubmusic. Tagsüber gibt es Snacks, abends auch komplette Mahlzeiten.
✪ *Karte C5 • 260 Orchard Rd. • 6736-2326 • rund um die Uhr geöffnet*

One Rochester
Eine lange Wein- und Cocktailkarte sowie großartige Speisen locken Gäste scharenweise in die Gastrobar in einem kolonialen Bungalow. ✪ *Karte S3 • 1 Rochester Park • 6773-0070 • So–Fr 18–1 Uhr, Sa & vor Feiertagen 18–2 Uhr, So Frühstück 9.30–15 Uhr*

Einen Überblick über Singapurs Nachtleben bietet www.touristiklinks.de/stadt/singapur/nachtleben/

Links **Acid Bar** Mitte **Liveband im dbl O** Rechts **Island Bar im Dragonfly**

Clubs & Discos

1 Zouk
Singapurs urwüchsiger Club genießt weltweiten Ruf für seine innovative Dance Music. Das umgebaute Lagerhaus birgt neben dem höhlenartigen Zouk drei weitere Lokalitäten: Phuture ist ein futuristischer Club für experimentelle Musik, Velvet Underground eine lässige Lounge, die Wine Bar bietet Entspannung im Freien. ⊗ *17 Jiak Kim St. • 6738-2988 • tägl. 18–3 Uhr • www.zoukclub.com.sg*

2 Zirca
Das Zirca ist der größte von mehreren Clubs in The Cannery, einem alten Lagerhaus im Partyviertel von Singapur. Es vereint Dance Music, Varieté und Zirkusdarbietungen zu einer audio-visuellen Show mit Heerscharen einheimischer und internationaler Tänzer, Luftakrobaten, Feuerschluckern und Musikern sowie den weltbesten DJs. ⊗ *Karte K2 • The Cannery (Block 3), Clarke Quay • 6235-2292 • Mi–Sa 22 Uhr–frühmorgens • www.the-cannery.com*

3 dbl O
Dieser Club hat sich als weniger pompöse Alternative zu den gängigen Clubs etabliert. Neben der Haupttanzfläche gibt es kleinere Einrichtungen wie das entspannte Dachterrassencafé, eine Disco mit R&B und Hip-Hop und eine weitere mit House-Grooves. ⊗ *Karte J2 • 11 Unity St. • 6735-2008 • Di–Fr 20–3 Uhr, Sa 20–4 Uhr • www.dbl-o.com*

4 Home
Der Dance Club unterstützt die Underground-Musikszene der Stadt und hat regelmäßig einheimische Indie-Bands zu Gast. Ansonsten unterhalten DJs mit Alternative, Retro, Garage, Punk und New Wave das junge Publikum, das es sich auf den Sofas bequem macht. ⊗ *Karte L3 • The Riverwalk (B1–01/06), 20 Upper Circular Rd • 6538-2928 • Di–Do 21–3 Uhr, Fr & Sa 22–6 Uhr • www.homeclub.com.sg*

5 Insomnia
Dieser Hongkong-Import sorgt mit Rock und Pop von Livebands für volle Tanzflächen. Wie sein Name schon andeutet, hat er sehr lange geöffnet. Die Lage im CHIJMES *(siehe S. 35)* bietet außerdem einen schönen Rahmen für Cocktails und ein Essen im Freien. ⊗ *Karte M1 • CHIJMES (01–21/22/23), 30 Victoria St. • 6338-6883 • So–Di 11–4 Uhr, Mi–Sa 11–5 Uhr*

Live-Darbietung im Insomnia

Sofern nicht anders angegeben, verlangen alle Lokale Eintritt, der je nach Wochentag und Programmangebot variiert.

Top 10 Singapur

Acid Bar

Die zentrale Lage lockt Massen in den Club, der bei Live-Konzerten, Top-40-Partys oder Pop-Rock-Nächten nur noch Platz zum Stehen bietet. Auf der Tanzfläche herrscht Gedränge bis spät in die Nacht. Unter der Woche geht es deutlich ruhiger zu, dann gibt es auch Happy-Hour-Drinks. ❦ *Karte C5* • *Peranakan Place (01-01/02), 180 Orchard Rd.* • *6732-6966* • *So–Do 17–2 Uhr, Fr & Sa 17–3 Uhr* • *Eintritt frei* • *www.peranakanplace.com*

Velvet Underground Lounge im Zouk

The Butter Factory

Der jüngst umgezogene Club dient auch als Galerie – an den Wänden hängen Werke regionaler Künstler und Cartoonisten zum Verkauf. Einheimische Trendsetter tummeln sich zu Hip-Hop, R&B und Dance auf der Tanzfläche im Swimmingpool-Stil. ❦ *Karte M3* • *1, Fullerton Rd.* • *6333-8243* • *Mi 22–3 Uhr, Do 21–2 Uhr, Fr & Sa 22–4 Uhr* • *www.thebutterfactory.com*

Dragonfly

Das ist Singapurs Mandarin-Nachtclub Nr. 1 – Schnulzensänger und Tanzkapellen covern hier die Top-Hits der chinesischen Charts. Mit insgesamt neun einzelnen Clubs bietet das Etablissement Musik für jeden Geschmack. ❦ *Karte S3* • *St James Power Station, 3 Sentosa Gateway* • *6270-7676* • *tägl. 18–6 Uhr* • *www.dragonfly.com.sg*

The Rupee Room

Dieser Club ist besonders bei in Singapur lebenden Ausländern beliebt – und natürlich bei Indern: Hier wird schließlich die heißeste Dance Music Indiens gespielt, darunter Bollywood-Hits und populäre nordindische Bhangra-Beats. Das Dekor ist stimmungsvoll und schrill, ein angeschlossenes Restaurant serviert indische Gerichte. ❦ *Karte K2* • *The Foundry at Clarke Quay (01–15), 3b River Valley Rd.* • *6334-2445* • *So–Do 17–2 Uhr, Fr & Sa 17–6 Uhr* • *www.harrys.com.sg*

Bellini Grande

Genießen Sie Entertainment im Vegas-Stil, wenn das 18-köpfige Pop-Orchester spielt – begleitet von internationalen Musikern, Sängern und Tänzern. Auch kubanische Perkussion und Sänger aus Paris sind vertreten. ❦ *Karte K2* • *The Foundry (01–01), 3b River Valley Rd.* • *6270-7676* • *So–Do 18–3 Uhr, Fr & Sa 18–4 Uhr* • *www.bellinigrande.sg*

Folgende Doppelseite Singapore Marriott Hotel

STADTTEILE

Chinatown
66–73

Little India &
Kampong Glam
74–83

Colonial District
84–89

Orchard Road
90–95

Abstecher
96–101

TOP 10 SINGAPUR

Links **Wak Hai Cheng Bio Temple** Mitte **Figur im Thian Hock Keng Temple** Rechts **Ann Siang Hill**

Chinatown

SIR STAMFORD RAFFLES' GRUNDRISS FÜR SINGAPUR *von 1822 teilte die Stadt in deutlich umrissene Viertel auf, die sich bis heute gehalten haben. Damals entstanden in der Gegend südlich des Singapore River neue Godowns (Lagerhäuser) und Schifffahrtsbüros, hinter denen chinesische Arbeiter in beengten Verhältnissen lebten. Es wurden Tempel gebaut und Clans gebildet –*

Gruppen von Chinesen, die Dialekt, Namen oder regionale Wurzeln teilten und Neuankömmlinge bei der Arbeits- und Unterkunftssuche unterstützten. Wie die anderen Enklaven in Singapur war Chinatown nie homogen. Vor allem nach Eröffnung des Hafens in Tanjong Pagar beheimatete es auch viele indische Arbeiter. Entsprechend stehen heute Taoisten- und Hindu-Tempel, Kirchen und Moscheen nebeneinander – ganz im multikulturellen Geist der Stadt.

Der prachtvolle Buddha Tooth Relic Temple

10 Attraktionen

1. Thian Hock Keng Temple
2. Wak Hai Cheng Bio Temple
3. Sri Mariamman Temple
4. Jamae Chulia Mosque
5. Al-Abrar Mosque
6. Chinatown Heritage Centre
7. Chinatown Pedestrian Mall
8. Singapore City Gallery
9. Buddha Tooth Relic Temple
10. Ann Siang Hill Park

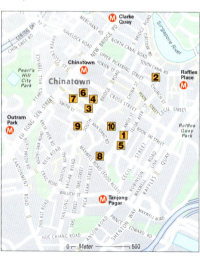

Shophouses sind ein einzigartiges architektonisches Element in Singapur. Chinesische Einwanderer brachten den Baustil mit.

Sri Mariamman Temple

Stadtteile – Chinatown

eigentümlichen Gegensatz zu den Glas-Stahl-Wolkenkratzern in der Umgebung. Zwei Hallen sind Ma Zu und dem mächtigen Gott Xuan Tian Shang Di gewidmet, dem Herrscher über die Elemente. Karte L4 • 30b Phillip St. • tägl. 9–18 Uhr

Thian Hock Keng Temple

Obwohl der Tempel heute zu den großen Besucherattraktionen Singapurs zählt, hat er sich seine Authentizität als wichtiges Gotteshaus der ansässigen Hokkien-Gemeinde bewahrt. Der Bau im Stil südchinesischer Tempel folgt den Regeln des *feng shui*, traditionellen Gesetzen für die energetisch optimale Anordnung und Einrichtung von Räumen. Der Tempel ist taoistisch und der Göttin Ma Zu (Ma Cho Po) geweiht, öffnet sich mit dem Schrein für Bodhisattva Guanyin und der Swastika auf der Außenmauer aber auch buddhistischen Lehren *(siehe S. 12f)*.

Wak Hai Cheng Bio Temple

Das Taoistische Zentrum der Teochew-Gemeinde ist ein kleiner, fast magisch wirkender Tempel. Im Innenhof hängen Reihen von Räucherspiralen an einem Gitter. Der Tempel selbst bildet mit seinem schrägen, von bunten Keramikfiguren bedeckten Dach einen

Sri Mariamman Temple

In diesem Tempel wird Sri Mariamman, die »Muttergöttin« der Hindus, verehrt. Er ist der älteste Hindu-Tempel Singapurs, 1823 vom Regierungsbeamten Narayana Pillay gegründet. Dieser war hier mit Raffles' Schiff angekommen und geblieben. Den heutigen Tempel erbauten ehemalige indische Sträflinge 1843. Da Sri Mariamman Krankheiten heilen soll, werden hier kostenlose medizinische Behandlungen angeboten. Karte K4 • 244 South Bridge Rd. • 6223-4064 • tägl. 8–20 Uhr • www.heb.gov.sg

Jamae Chulia Mosque

Die Chulias waren Moslems von der Südküste Indiens, die Handel und Geldwechsel betrieben. Sie finanzierten sowohl den Bau dieser Moschee als auch den der nahe gelegenen Al-Abrar Mosque. Die eindrucksvolle Fassade mit den Gittern und den beiden hohen Minaretten mit seitlich eingelassenen *mihrabs* ist südindisch geprägt. Besucher, die mit kurzen Hosen oder nackten Schultern erscheinen, erhalten am Eingang der Moschee Umhänge, um sich für die Besichtigung angemessen zu bedecken. Karte K4 • 18 South Bridge Rd. • 6221-4165 • tägl. 9–18 Uhr, Fr 12–15 Uhr geschlossen

Jamae Chulia Mosque

Chinesen in Singapur **siehe S. 32**

Stadtteile – Chinatown

Gebäudepflege

Anfang der 1980er Jahre erkannte man in Singapur die Bedeutung des architektonischen Erbes und begann damit, historische Gebäude zu restaurieren. Zu den ersten Sanierungsvierteln zählte Chinatown, wo verfallene Shophouses originalgetreu wiederhergestellt wurden. In den einst von Händlern und plaudernden Alten bevölkerten Straßen sorgen heute Souvenirläden für Leben.

Einkaufen in Chinatown

Al-Abrar Mosque

Al-Abrar, einst die wichtigste Moschee der Insel, war ursprünglich eine mit *attap* (Stroh) gedeckte Holzhütte, was ihr auch den Namen »Koochoo Palli« oder Hüttenmoschee eintrug. Sie diente allen, die hier lebten und arbeiteten. Die Fassade fügt sich zwischen den Shophouses ganz in das Stadtbild ein. Das stille Gotteshaus wird heute nur noch von einigen Arbeitern der Gegend besucht. Die meisten Muslime gehen in Moscheen, die näher an ihren Wohnorten liegen. *Karte L5 • 192 Telok Ayer St. • 6220-6306 • Sa–Do 11.30–21 Uhr, Fr 10–21 Uhr*

Chinatown Heritage Centre

Das Museum erstreckt sich über drei restaurierte Shophouses im Herzen von Chinatown. Es zeigt anhand von Dioramen die harten Lebens- und Arbeitsbedingungen der chinesischen Gemeinde in Singapur. Auf drei Etagen sind Szenen aus Läden, Coffeeshops und Wohneinheiten nachgestellt. Eine interessante Ausstellung widmet sich den »vier Übeln« Glücksspiel, Opiumgenuss, Prostitution und Geheimbündlerei *(siehe S. 37)*.

Chinatown Pedestrian Mall

In zwei für Fahrzeuge gesperrten Straßen reihen sich Stände mit Geschenken, Tand und Trödel aus China. Es gibt hier auch Batikwaren und Schnitzereien aus Indonesien sowie Lackwaren und Seide aus Vietnam. Die Läden hinter den Ständen verkaufen exklusivere Geschenke, Kunst und Antiquitäten. Ein Stück der nahen Smith Street wird abends zur Imbissmeile umfunktioniert *(siehe S. 57)*. *Karte K4 • Trengganu St. & Pagoda St. • tägl. 10–23 Uhr*

Singapore City Gallery

Die Urban Redevelopment Authority (Stadtsanierungsamt) überwacht die Nutzung des knappen Bodens in Singapur. Für diese Galerie fertigte sie ein Modell der Innenstadt an, das einen hervorragenden Überblick über die historischen Sehenswürdigkeiten liefert und Einblicke in die

Sprechzimmer, Chinatown Heritage Centre

Klassische Shophouses bergen im Erdgeschoss einen Laden und im Obergeschoss die Wohnquartiere der Besitzer.

Stadtplanung gewährt. Unter der Woche gibt es hier um 11.30 Uhr eine 45-minütige Führung.
⊛ *Karte K5 • 45 Maxwell Rd. • 6321-8321 • Mo–Sa 9–17 Uhr • www.ura.gov.sg*

Buddha Tooth Relic Temple
Der im Jahr 2007 für 53 Millionen S$ fertiggestellte Komplex beherbergt eine Zahnreliquie Buddhas. Das Gebäude birgt Gebets- und Meditationshallen, ein Theater, Museen, Ausstellungszentrum, einen Geschenkeladen und ein Teehaus. Der Grundriss entspricht der buddhistischen Weltordnung, der Baustil der chinesischen Tang-Dynastie. Der Zutritt in kurzen Hosen oder Röcken und ärmellosen Tops ist untersagt. ⊛ *Karte K4 • 288 South Bridge Rd. • 6220-0220 • tägl. 7–19 Uhr • www.btrts.org.sg*

Ann Siang Hill Park
Chinatown und Tanjong Pagar waren einst in Hügel gebettet, die heute weitgehend eingeebnet sind. Als einer von wenigen verblieb Ann Siang Hill. Der Park reicht bis zur Spitze des Hügels, Stufen und Stege gewähren Blicke über die Dächer der Shophouses. ⊛ *Karte K4/L4 • Zugang über Amoy St. & Club St.*

Stadtmodell in der Singapore City Gallery

Ein Tag in Chinatown

Vormittag

Nehmen Sie von der MRT-Station Chinatown den Übergang über Eu Tong Sen Street und New Bridge Road zur Pagoda Street, um den Tag im **Chinatown Heritage Centre** zu beginnen. Es bietet einen guten Überblick über die historischen Bauten des Viertels. Schlendern Sie dann durch die **Chinatown Pedestrian Mall**, wo zahllose Imbissstände Snacks und Getränke anbieten. Entlang der South Bridge Road bietet sich ein perfektes Beispiel für multikulturelle Harmonie in Singapur. Hier können Sie die **Jamae Chulia Mosque** *(siehe S. 67)* an der Ecke der Mosque Street, den **Sri Mariamman Temple** in der Temple Street sowie den **Buddha Tooth Relic Temple** in der Sago Street besuchen.

Nachmittag

Ein authentisches Mittagessen und kühle Getränke bekommen Sie gegenüber dem buddhistischen Tempel an einem der Imbissstände im **Maxwell Food Centre** *(siehe S. 56)*. Wer lieber im Restaurant speist, schlendert den Ann Siang Hill hinauf in die Club Street. Dort befinden sich einige schicke asiatische und internationale Restaurants in restaurierten Shophouses. Frisch gestärkt spazieren Sie die Club Street entlang, um die Architektur zu bewundern. Nehmen Sie dann die Abkürzung durch den **Ann Siang Hill Park** zur Amoy Street, in der PR- und Werbeagenturen sitzen. Direkt am Ausgang des Parks erwartet Sie der **Thian Hock Keng Temple** *(siehe S. 12f)*.

Stadtteile – Chinatown

 Für buddhistische Tempel gelten in etwa die gleichen Verhaltensregeln wie für Hindu-Tempel siehe S. 17

69

Links **Reflexologie im Fuji Centre** Mitte **Kalligrafie** Rechts **Chinesisches Damespiel**

TOP 10 Chinesische Kultur

1. Eu Yan Sang Clinic for Traditional Medicine
Über 45 Prozent der Singapurer nutzen traditionelle chinesische Medizin. Eu Yan Sang betreibt in Singapur und Malaysia 20 Kliniken. ◊ *Karte K4 • 273 South Bridge Rd. • 6223-5085 • Mo–Sa 8.30–18 Uhr • www.euyansang.com*

2. Eu Yan Sang Clinic for Acupuncture
Die Gesellschaft bietet auch Akupunkturpraxen, wo man gegen Krankheiten die positive Energie des Körpers mit Nadeln stimuliert. ◊ *Karte K4 • 273 South Bridge Rd. • 6223-5085 • Mo–Sa 9–18 Uhr • Eintritt*

3. The Tea Chapter
Entspannen Sie in diesem urigen Cafè, in dem Sie viel über die chinesische Teezeremonie lernen können. ◊ *Karte K5 • 9a/11 Neil Rd. • 6226 1176 • tägl. 11–23 Uhr • www.tea-chapter.com.sg • Eintritt*

4. Chinese Theatre Circle
Kostüme, Musik und die Demonstration von Spieltechniken halten die Chinesische Oper am Leben. ◊ *Karte K4 • 5 Smith St. • 6323-4862 • Fr & Sa 7–21 Uhr • www.ctcopera.com.sg • Eintritt*

5. Fuji Reflexology Centre
Die Klinik lindert Schmerzen mit Reflexzonenmassagen. Dabei werden Stellen des Fußes gedrückt, die den schmerzenden Körperteilen entsprechen. ◊ *Karte K4 • 9a Trengganu St. • 6223-7363 • tägl. 11–21 Uhr • Eintritt*

6. Wet Market
Der Boden dieses Marktes für Obst, Gemüse, Fleisch und Trockenwaren wird täglich mit Wasser ausgespritzt – daher sein Name. ◊ *Karte K4 • Chinatown Complex (siehe S. 72) • Di–So 5–12 Uhr*

7. Siong Moh Trading
Hier gibt es falsche Geldscheine und Papiermodelle von Luxusartikeln, die als »Höllengeld« für die Seelen Verstorbener verbrannt werden. ◊ *Karte K4 • 39 Mosque St. • 6224-3125 • Mo–Sa 9–17 Uhr*

8. Chinatown Night Market
Kalligrafen übersetzen am Straßenrand Namen in chinesische Schriftzeichen *(siehe S. 72)*.

9. Da Wei Arts n Crafts
Der Laden verkauft chinesischen Künstlerbedarf wie Reispapier, Tinte, Pinsel und Tintensteine. ◊ *Karte K4 • 270 South Bridge Rd. • 6224-5058 • tägl. 10.30–19.30 Uhr*

10. Chinesisches Damespiel
Unbeirrt vom Besucherstrom sitzen Einheimische beim Damespiel. ◊ *Karte K4 • Sago & Trengganu St.*

Zwischen englisch und chinesisch erzogenen Chinesen gibt es einen tiefen Graben. Letztere gelten als sehr konservativ.

Preiskategorien

Für ein Drei-Gänge-Menü	**$**	unter 20 S$
pro Person mit einem	**$$**	20–30 S$
alkoholfreien Getränk,	**$$$**	30–50 S$
inklusive Steuern	**$$$$**	50–70 S$
und Service.	**$$$$$**	über 70 S$

IndoChine in der Club Street

Restaurants

Stadtteile – Chinatown

1. Hometown Restaurant
Die Gerichte aus der chinesischen Provinz Sechuan sind in der Regel großzügig mit Chili, schwarzem Pfeffer und Salz gewürzt. ✆ Karte K4 • 9 Smith St. • 6372-1602 • tägl. 11–15 & 17–22 Uhr • $$

2. Yum Cha
In dem stilvollen Shophouse werden feines *dim sum*, kantonesische Köstlichkeiten und knuspriges Gebäck serviert. ✆ Karte K4 • 20 Trengganu St. • 6372-1717 • Mo–Fr 11–23 Uhr, Sa & So 9–23 Uhr • $$

3. IndoChine
Seide, Kerzen und Räucherwerk schaffen das passende Ambiente für Gerichte aus Laos, Vietnam und Kambodscha. ✆ Karte K4 • 49b Club St. • 6323-0503 • Mo–Sa 12–14.30 & 18.30–22.30 Uhr • $$$$

4. Da Paolo il Ristorante
Der Edelitaliener Da Paolo serviert Lammkeule und Spaghetti mit Tintenfischtinte. ✆ Karte K4 • 80 Club Street • 6224-7081 • tägl. 11.30–14.30 & 18.30–22.30 Uhr • $$$$

5. Grand Shanghai
Genießen Sie leicht zubereitete Meeresfrüchte und Fischgerichte aus Shanghai in einem Ambiente der 1920er Jahre. ✆ 390 Havelock Rd. • 6836-6866 • Di–Fr & So 12–14.30 & 18.30–23 Uhr, Sa 18.30–23 Uhr • $$$$

6. Universal Restaurant & Wine Bar
Moderne australische Küche wird hier von mehr als 300 verschiedenen Weinen begleitet. Das Ambiente vereint Gemütlichkeit mit Modernität. ✆ Karte K5 • 36 Duxton Rd. • 6325-0188 • Mo–Fr 12–14 & 18.30–22 Uhr, Sa 6.30–22 Uhr • $$$$$

7. Blue Ginger
Versuchen Sie Peranakan-Gerichte wie *ayam buah keluak*, Chickencurry mit indonesischen Nüssen. ✆ Karte K5 • 97 Tanjong Pagar Road • 6222-3928 • tägl. 12–14.30 & 18.30–22.30 Uhr • $$

8. Annalakshmi
Temple of Fine Arts, ein Wohlfahrtsverband für Kunst und Musik, betreibt das indisch-vegetarische Lokal. ✆ Karte K4 • 133 New Bridge Rd. • 6339-9993 • Di–So 11.30–15 & 18.30–21.30 Uhr, Mo 18.30–21.30 Uhr

9. Taj Authentic Indian Cuisine
Hier gibt es die wohl besten Huhn- und Hammel-*biryanis* in ganz Singapur. ✆ Karte K4 • 214 South Bridge Rd. • 6226-6020 • tägl. 11.30–20.30 Uhr • $

10. Ci Yan Organic Health Food
Die feinen chinesisch-vegetarischen Gerichte wechseln täglich. ✆ Karte K4 • 8 Smith St. • 6225-9026 • tägl. 12–22.30 Uhr • $

➡ *Wenn nicht anders angegeben, akzeptieren alle Restaurants Kreditkarten und bieten auch vegetarische Gerichte an.*

Links **Joe Arts & Crafts Gallery** Mitte **Souvenirs in der Pagoda Street** Rechts **Antiquitätenstand**

🔟 Shopping

1 Yue Hwa Chinese Emporium
Dieses Warenhaus ist für seine Auswahl an chinesischem Kunsthandwerk bekannt. Sie reicht von Seidenkleidung und handbesticktem Tuch über Jadeschmuck bis zu erschwinglichen Geschenken. ❧ *Karte K4* • *70 Eu Tong Sen St.* • *6538-4222* • *So–Fr 11–21 Uhr, Sa 11–22 Uhr*

2 Tiandu Art Gallery
Hier gibt es Kalligrafien und Tuschebilder aus China. ❧ *Karte K4* • *Chinatown Point (03–07)* • *6538-8546* • *tägl. 12–18 Uhr*

3 Joe Arts & Crafts Gallery
Stöbern Sie in Regalen voller Figürchen und Sammlerstücken. ❧ *Karte K4* • *Chinatown Point (03–79)* • *6534-1728* • *tägl. 14–20 Uhr*

4 World Arts & Crafts
Das reiche Sortiment an Kristallen – im Naturzustand oder in Schmuck gefasst – stammt aus China und Südamerika. ❧ *Karte K4* • *Chinatown Point (03–78)* • *6532-0056* • *tägl. 12–19 Uhr*

5 Gtar Cultural & Arts Centre
Bei Gtar können Sie traditionelle chinesische Musikinstrumente wie eine *liuqin* (Laute) oder eine *erhu* (Flöte) bewundern und erwerben. ❧ *Karte K4* • *Chinatown Point (03–64)* • *6536-6383* • *Fr–Mi 12–20 Uhr*

6 Chinatown Seal Carving
Kunsthandwerker übertragen Namen oder Sprüche in chinesische Schriftzeichen und gravieren sie für Sie in steinerne »chops« (chinesische Stempel). ❧ *Karte K4* • *Chinatown Point (03–77)* • *6534-1128* • *tägl. 11–20 Uhr*

7 Antique Pavilion
Singapurs größter chinesischer Textilhändler verkauft hier Tischsets, Kissen- und Bettbezüge sowie Paschminas und Seidenschals. ❧ *Karte K4* • *56 Pagoda St.* • *6327-1671* • *tägl. 10–20.30 Uhr*

8 Chinatown Night Market
Der Name ist irreführend, da die Stände auch tagsüber allerlei Souvenirs anbieten. Preisvergleiche lohnen sich. ❧ *Karte K4* • *Pagoda St. & Trengganu St.* • *tägl. 11–23 Uhr*

9 Chinatown Complex
Dieser Shopping-Komplex bietet vor allem Haushaltswaren, aber auch einige ungewöhnliche Schnäppchen und ein tolles Hawker Center *(siehe S. 57)*. ❧ *Karte K4* • *335 Smith St.* • *wechselnde Öffnungszeiten*

10 Lukisan Art Gallery
Lukisan handelt mit zeitgenössischer asiatischer Kunst. Die Werke stammen aus China, Vietnam und Indonesien. ❧ *Karte K4* • *26 Smith St.* • *6410-9663* • *Di–So 14–21 Uhr*

➤ *Chinatown Point ist eine Shopping Mall in der New Bridge Road. Sie birgt auch das Singapore Handicraft Centre* **siehe S. 49**

Links **Eiertörtchen in der Konditorei Tong Heng** Rechts **Red Dot Design Museum**

Stadtteile – Chinatown

TOP 10 Dies & Das

1 Yue Hwa
Auf den meisten Märkten bekommt man traditionelle chinesische Kleider, sogenannte *cheongsam*, doch dieser Laden führt eine besonders große Auswahl.
❦ *Karte K4 • 70 Eu Tong Sen St. • 6538-4222 • So–Fr 11–21 Uhr, Sa 11–22 Uhr*

2 Bee Cheng Hiang
Bee Cheng Hiang hat sich auf *bak kwa* (Streifen von gegrilltem Schweinefleisch) verschiedenen Geschmacks spezialisiert. Oft reicht die Warteschlange rund um den Block. ❦ *Karte K4 • 189 New Bridge Rd. • 6223-7059 • tägl. 8–21 Uhr*

3 Speakers' Corner
Diese Bühne im Park ist Singapurs offizielle Plattform für öffentliche Reden – sofern diese weder Rasse noch Religion verunglimpfen. ❦ *Karte K3 • Hong Lim Park, Upper Pickering St. & New Bridge Rd. • tägl. 7–19 Uhr*

4 Fuk Tak Chi Museum
Der kleine ehemalige Schrein der Kantonesen und Hakka zeigt heute verschiedene Artefakte der chinesischen Gemeinde.
❦ *Karte L4 • 76 Telok Ayer St. • 6532-7868 • tägl. 10–22 Uhr*

5 Xin Jing Jing Restaurant
Das Café serviert chinesische und einheimische Desserts. Spezialitäten sind Mango-Kokosnusseis und Mango mit Pomelo-Sago. ❦ *Karte K4 • 24 Smith St. • 6221-5531 • tägl. 12–23 Uhr*

6 Tai Chong Kok
Hier gibt es die traditionell mit Lotussamenpaste gefüllten Mondkuchen in vielen modernen Geschmacksrichtungen. ❦ *Karte K4 • 34 Sago St. • Mo–Sa 11–14 Uhr*

7 Tong Heng Confectionery
Die Patisserie hat chinesische Eiertörtchen im Angebot, die ortstypische Variation eines portugiesischen Rezeptes.
❦ *Karte K4 • 285 South Bridge Rd. • 6223-0398 • tägl. 9–22 Uhr*

8 Red Dot Design Museum
Bewundern Sie Werke, die mit dem Red Dot Design Award, einem international angesehenen Preis, ausgezeichnet wurden.
❦ *Karte K5 • 28 Maxwell Rd. • 6534-7194 • Mo, Di & Fr 11–18 Uhr, Sa & So 11–20 Uhr, Mi & Do geschlossen • Eintritt*

9 Club Street
Einst gehörte die Straße den chinesischen Clans – heute gibt es hier Restaurants und Boutiquen. ❦ *Karte K4/L4*

10 Chinese Weekly Entertainment Club
Die Villa von 1892 war Treffpunkt der High Society. ❦ *Karte K4 • 76 Club St. • für die Öffentlichkeit geschlossen*

> *In Singapur kann man fast überall mit Kreditkarte bezahlen. Kleinere Läden berechnen dafür manchmal eine Gebühr.*

73

Links **Serangoon Road** Mitte **Malay Heritage Centre** Rechts **Mustafa Centre**

Little India & Kampong Glam

IN DEN ANFÄNGEN SINGAPURS *siedelten sich Bauern im heutigen Little India an und betrieben Viehzucht. Das Gewerbe blühte dank Unterstützung durch indische Arbeiter. Später richtete die Regierung dort Ziegeleien und Kalkgruben ein, in denen wiederum Inder arbeiteten. Little India war also nicht als ethnisches Viertel geplant, es erwuchs aus der Gemeinschaft der*

Menschen, die es angezogen hatte. Heute lebt das Viertel von Läden mit indischen Waren. Kampong Glam war in Raffles' Stadtplanung von 1822 dem Sultan von Singapur zugeteilt worden und zog Muslime wie Malaien, Bugis (aus Sulawesi) und Araber an. Die Bugis gründeten Schiffswerften. Einige arabische Unternehmen bestehen bis heute. Cafés, Sheesha-Lounges und so manche Läden belegen die Renaissance des muslimischen Viertels.

Sri Srinivasa Perumal Temple

Attraktionen

1. Serangoon Road
2. Sri Veeramakaliamman Temple
3. Sri Srinivasa Perumal Temple
4. Sakya Muni Buddha Gaya Temple
5. Abdul Gafoor Mosque
6. Mustafa Centre
7. Arab Street
8. Sultan Mosque
9. Hajjah Fatimah Mosque
10. Malay Heritage Centre

Die Singapur-Inder sind keine homogene Volksgruppe und lassen sich auch nicht durch Sprache oder Religion benennen.

Serangoon Road

Diese Straße ist das Herz von Little India – eine Enklave, die von Singapurs Modernisierungswelle verschont geblieben ist. Noch immer bergen alte Shophouses mit überdachten Durchgängen Familienbetriebe mit buntem Sortiment. Aus ganz Singapur kommen Inder nach wie vor hierher, um indische Produkte wie Kleidung, Lebensmittel und Devotionalien zu kaufen. In manchen Läden arbeiten die Händler, Gewürzmüller, Goldschmiede oder Wäscher noch so, wie sie es schon vor Jahrzehnten taten. ⊗ *Karte F4–H1*

Ganesh-Statue im Sri Veeramakaliamman Temple

Sri Veeramakaliamman Temple

Seit den bescheidenen Anfangstagen in der Mitte des 19. Jahrhunderts wird dieser Tempel mit der Arbeiterschicht in Verbindung gebracht, schließlich wurde er von den Arbeitern der Gegend und für sie erbaut. Er dient der Verehrung Kalis, einer göttlichen Mutterfigur, die Gläubigen fern der Heimat Trost spendet. Wie bei allen Hindu-Tempeln in Singapur stammen die bunten Dachfiguren von südindischen Kunsthandwerkern, die eigens dafür anreisen *(siehe S. 16f)*.

Sri Srinivasa Perumal Temple

Singapurs erstes Gotteshaus zur Anbetung Vishnus war der Sri Srinivasa Perumal Temple. Er hat ein beeindruckendes *gopuram* mit über fünf Ebenen mit Figuren, darunter Darstellungen der verschiedenen Vishnu-Inkarnationen und seines Reittiers Garuda, das halb Mensch, halb Adler ist. Der Gott Vishnu ist Teil der Hindu-Trinität. Er gilt als Schützer, während Brahma Schöpfer und Shiva Zerstörer ist. Der Tempel ist auch Startpunkt des Thaipusam-Fests und des Thimithi-Fests *(siehe S. 44f)*. ⊗ *Karte G2* • *397 Serangoon Rd.* • *6298-5771* • *tägl. 6.30–12 & 18–21 Uhr* • *www.heb.gov.sg/sspt*

Sakya Muni Buddha Gaya Temple

Der kleine Buddhistentempel wird wegen der 989 Kerzen rund um die Hauptbuddhafigur auch Temple of a Thousand Lights genannt. Diese werden zu speziellen Zeremonien entzündet. Rund um den Hauptaltar zeigen Wandmalereien Szenen aus dem Leben Buddhas. Hinter dem Altar führt eine kleine Tür zu einer Kammer mit der Darstellung eines liegenden Buddhas. Der Tempel weist sehr viele thailändische Elemente auf. Sie stammen von dem Gründer des Tempels, einem thailändischen Buddhisten-Mönch. ⊗ *Karte G2* • *366 Race Course Rd.* • *6294-0714* • *tägl. 8–16.45 Uhr*

Sakya Muni Buddha Gaya Temple

Stadtteile – Little India & Kampong Glam

 Weitere Tempel in Singapur **siehe S. 39**

Stadtteile – Little India & Kampong Glam

Istana Kampong Glam
1824 trat Sultan Hussein seine Hoheitsrechte über Singapur an die East India Company ab. Dafür erhielt er jährliche Zuwendungen und ein Stück Land. Nach seinem Tod errichtete sein Sohn Sultan Ali dort den Istana Kampong Glam. Als das königliche Vermögen schwand, fiel das Anwesen 1897 der britischen Krone zu – die Sultansfamilie durfte bleiben. Erst 2004 wurde im Palast das Malay Heritage Centre eingerichtet.

Abdul Gafoor Mosque
Diese Moschee ist eine Mischung aus islamischer und europäischer Architektur. Elegante Säulen stützen maurische Bogen. Das Sonnenmotiv über dem Eingang trägt in den Strahlen die Namen der 25 Propheten des Islam als zarte Kalligrafien. Zum Gelände der Moschee gehören auch die umliegenden Shophouses. Mit den Mieteinnahmen wurde ein Teil der Restaurierung finanziert. ◎ *Karte F4/G4 • 41 Dunlop St. • 6295-4209 • tägl. 9.30–21 Uhr (außer zu Gebetszeiten: 12.30–13.30 & 16.45–17.30 Uhr)*

Mustafa Centre
In dem riesigen Kaufhaus, das sich über zwei Straßenzüge erstreckt, kann man rund um die Uhr indische Produkte erstehen. Das Angebot reicht von den üblichen Waren – zu hervorragenden Preisen! – bis zu erstaunlichen Kunsthandwerksschätzen aus Gold. Das Kaufhaus führt außerdem ein großes Sortiment an Saris, Modeschmuck, Currymischungen und Textilien. ◎ *Karte G3 • 145 Syed Alwi Rd. • 6295-5855 • www.mustafa.com.sg*

Arab Street
Dies ist die wichtigste Durchgangsstraße von Kampong Glam, dem muslimischen Viertel Singapurs. Sie ist nach den arabischen Händlern benannt, die hier als erste Ausländer siedelten. Ursprünglich wurden in den Läden Gewürze und Textilien verkauft. Heute gibt es auch Batiken, Korbwaren und Produkte aus Indonesien und dem Nahen Osten. ◎ *Karte G4–H5*

Sultan Mosque
Die bedeutendste Moschee der Stadt wurde mit Spenden der muslimischen Gemeinde finanziert. Selbst Glasflaschen, ein Beitrag von den Armen des Viertels, fanden Verwendung: Sie bilden ein glitzerndes Band unterhalb der Kuppel. Die Moschee steht unter der Verwaltung von je zwei Vertretern der sechs wichtigsten ethni-

Abdul Gafoor Mosque

 Muslime in Singapur **siehe S. 32f**

Gebetshalle in der Sultan Mosque

schen Gruppen – Malaien, Javaner, Bugis, Araber, Tamilen und Nordinder *(siehe S. 14f)*.

Hajjah Fatimah Mosque
Die Singapurer Geschäftsfrau Hajjah Fatimah bewohnte an dieser Stelle ein Haus, das mehrfach ausgeraubt und letztlich sogar in Brand gesteckt wurde. Zum Dank für ihre geglückte Flucht ließ sie hier um 1846 eine Moschee errichten. Der Bau vereint europäische, chinesische und malaiische Architekturelemente. Bemerkenswert ist das schiefe Minarett – Singapurs Version des Schiefen Turms von Pisa. *Karte H5 • 4001 Beach Rd. • 6297-2774 • tägl. 10–12 & 14.30–21 Uhr*.

Malay Heritage Centre
Der Istana Kampong Glam, lange Wohnsitz des Sultans von Singapur, ist ein Beispiel für die klassizistische Architektur, wie sie Anfang des 19. Jahrhunderts beliebt war. Der Entwurf soll von G. D. Coleman stammen, der viele Kirchen und Amtsgebäude Singapurs plante. Nach Auszug der Sultansfamilie wurde der Palast renoviert und 2006 als Malay Heritage Centre wiedereröffnet.
Karte H4 • 85 Sultan Gate • 6391-0450 • Gelände: tägl. 8–21 Uhr; Museum: Di–So 10–18 Uhr, Mo 13–18 Uhr • Eintritt für Museum • www.malayheritage.org.sg

Ein Tag in Little India & Kampong Glam

Vormittag

Die Bukit Timah Road führt Sie von der MRT-Station Little India zur Serangoon Road. Dort befindet sich in der **Little India Arcade** *(siehe S. 82)* eine Reihe netter Läden mit indischen Produkten. Dann folgen Sie der Serangoon Road bis zum **Sri Veeramakaliamman Temple** *(siehe S. 16f)*, wo Sie das lebhafte Treiben in einem Hindu-Tempel verfolgen können. Ein Stück weiter treffen Sie auf den deutlich ruhigeren **Sri Srinivasa Perumal Temple** – ein friedlicher Ort, an dem man sich in aller Stille mit dem Hinduismus beschäftigen kann. Gehen Sie anschließend über die Perumal Road zur Race Course Road, die Sie nach rechts zur dritten Tempelbesichtigung führt: der des buddhistischen **Sakya Muni Buddha Gaya Temple**.

Nachmittag

Von Little India geht es dann mit dem Taxi nach **Kampong Glam** zu einem entspannten Mittagessen. Speisen Sie ägyptisch im **Altazzag** *(siehe S. 83)* oder genießen Sie scharfe lokale Küche im **Sabar Menanti Restaurant** *(siehe S. 83)*. Die Besichtigung beginnt in der **Sultan Mosque** *(siehe S. 14f)*, dem religiösen Herzen des Viertels. Schlendern Sie dann durch die **Bussorah Mall** *(siehe S. 81)*. Dort finden Sie Batiken, Antiquitäten und andere Souvenirs aus der Region. Zweimal links über Baghdad Street und Sultan Gate gelangen Sie zum **Malay Heritage Centre**, das über malaiische Kultur und Geschichte informiert.

Stadtteile – Little India & Kampong Glam

 Folgende Doppelseite Zwillingspagoden im Chinesischen Garten 77

Links **ANSA Picture Framing & Art Gallery** Rechts **Rosen-, Ringelblumen- und Jasmingirlanden**

Little India erleben

1 Century 10 Ayurvedic Therapy
Die traditionelle indische Medizin ist angeblich über 5000 Jahre alt. Behandlungen schließen Bäder, Massagen, eine Diät und die Einnahme von Kräutermedizin ein. *Karte F4 • 27 Campbell Lane • 6341-7097 • Di–So 9–20 Uhr, Mo 11–16 Uhr*

2 Selvi's
Hennamaler applizieren eine ungiftige Paste in filigranen Mustern auf die Hände, wodurch ein Tattoo-Effekt entsteht. *Karte F4 • Serangoon Rd. & Little India Arcade • 9144-5284 • Mo–Sa 9–20 Uhr, So 8–16 Uhr*

3 Sajeev Studio
Dieser Fotograf lichtet Männer und Frauen in traditionell indischer Kleidung samt Schmuck und Make-up ab – ein nettes Andenken. *Karte F4 • 23 Kerbau Rd. • 6296-6537 • tägl. 10–22 Uhr*

4 Serangoon Ladies Centre
Hier bekommt man fertige *cholis* (Blusen) und Unterröcke, die traditionell zum Sari getragen werden. *Karte F4 • 3 Kerbau Rd. • 6297-4650 • Mo–Sa 11.30–18.30 Uhr*

5 The Yoga Shop
Das Yogazentrum verkauft neben Büchern auch zahlreiche andere Dinge, die sich um Yoga drehen. Es vermittelt auf Wunsch auch kostenlosen Unterricht. *Karte F3 • 10 Kerbau Rd. • 6467-1742 • Mo–Fr 12–18.30 Uhr, Sa 10.30–18.30 Uhr, So 10.30–18 Uhr*

6 ANSA Picture Framing & Art Gallery
Hier finden Sie bunte Porträts von Hindu-Gottheiten, aber auch einige weltliche Werke. *Karte F3 • 29 Kerbau Rd. • 6295-6605 • Mo–Sa 9.30–21.30 Uhr, So 10.30–15.30 Uhr*

7 Gemahlene Gewürze
In diesem Shophouse werden indische Gewürze in elektrischen Mühlen zu duftendem Pulver vermahlen. *Karte F4 • 2 Cuff Rd. • Di–So 9.30–18.30 Uhr*

8 Blumengirlanden
An vielen Straßenecken werden handgefädelte Girlanden aus frischen Blumen angeboten. *Karte F4 • Campbell Lane & Buffalo Rd.*

9 Betelnüsse
Straßenhändler wickeln die Samen der *Areca*-Palme zum Kauen in Blätter. *Karte F4 • Campbell Lane & Buffalo Rd.*

10 Wahrsager
Hin und wieder lässt ein alter Mann seinen Sittich Karten ziehen, um die Zukunft daraus zu lesen. *Karte F4 • Serangoon Rd.*

Little India verzaubert Besucher mit würzigen Düften und berauschenden Farben.

Links **Baju Kurong, Mona J. Boutique** Rechts **Bussorah Mall**

Kampong Glam erleben

1. Mona J. Boutique
Dieser Laden verkauft *baju kurong*, also »Kleidung, die verhüllt«, im typisch malaiischen Stil mit Sinn für Eleganz und Farbe.
✆ *Karte H5* • *41 Bussorah St.* • *6297-1498* • *Mo–Sa 10.30–18.30 Uhr*

2. Pyramid Dancers
An den glitzernden Artefakten und Bauchtanzkostümen aus dem Nahen Osten zeigt sich der beständige arabische Einfluss in diesem Vietel ganz besonders deutlich. ✆ *Karte H5* • *38 Arab St.* • *6396-7598* • *tägl. 10–19 Uhr* • *www.pyramiddancer.com.sg*

3. Sarabat Stall
Versuchen Sie die dickflüssige Mischung aus süßer Kondensmilch und Tee. Um sie schaumig zu machen, wird sie mehrmals zwischen zwei Tassen hin- und hergegossen. ✆ *Karte H5* • *21 Baghdad St.* • *tägl. 6.30–23.30 Uhr*

4. Wayan Retreat Balinese Spa
Das Spa nutzt Bäder, Packungen, Peelings und Gesichtsbehandlungen, um seine Gäste zu entspannen und zu verjüngen. ✆ *Karte H5* • *61 Bussorah St.* • *6392-0035* • *Mo–Fr 10–21 Uhr, Sa 10–20 Uhr, So 10–18 Uhr (feiertags geschlossen)*

5. Straits Records
Der Laden bietet nicht nur die beste Auswahl einheimischer Indie-Musik, sondern auch Informationen zu Auftritten. ✆ *Karte G5* • *22 Bali Lane* • *tägl. ab 15 Uhr*

6. Café Le Claire
Das Café mit orientalischer Küche zieht Nachteulen und Fans der traditionellen arabischen Wasserpfeife *sheesha* an. ✆ *Karte H5* • *39 Arab St.* • *6292-0979* • *Mo–Do 10–3.30 Uhr, Fr & Sa 10–5.30 Uhr*

7. Haji Lane
Die Läden der engen Gasse bieten Kleidung lokaler Designer und importierte Kuriositäten.
✆ *Karte G5/H5* • *15 Min. von MRT Bugis*

8. Bussorah Mall
Palmen und tolle Läden mit Souvenirs, Kunsthandwerk und Antiquitäten säumen den Boulevard. ✆ *Karte H5* • *Bussorah St.*

9. Muslimischer Friedhof
In dem Gewirr aus Grabsteinen markieren Quader Männergräber, runde Steine die Gräber von Frauen. ✆ *Karte H4* • *Ecke Victoria St. & Jalan Kubor*

10. Golden Mile Complex
In Singapurs »Little Thailand« gibt es Lebensmittel, traditionelle Waren und Thaiküche. ✆ *Karte H5* • *5001 Beach Rd.* • *tägl. 10–22 Uhr*

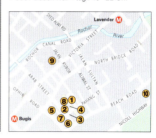

Stadtteile – Little India & Kampong Glam

 Kampong Glam besticht mit Kolonialarchitektur und orientalischer Atmosphäre.

Links **Handgefertigte Batik, Basharahil Brothers** Mitte **Mustafa Centre** Rechts **Rishi Handicrafts**

TOP 10 Shopping

1 Mustafa Centre
Das rund um die Uhr geöffnete Kaufhaus bietet alles Erdenkliche, doch den besten Kauf macht man mit indischen Produkten: Seidensaris, Goldschmuck und Textilien *(siehe S. 76)*.

2 Little India Arcade
Stöbern Sie durch die Läden mit Modeschmuck, Wandteppichen, Bollywood-DVDs, Räucherwerk, Lederwaren und indischer Mode. *Karte F4 • 48 Serangoon Rd. • 6295-5998 • tägl. 10–22 Uhr*

3 Tekka Market
Der Marktplatz umfasst einen Lebensmittelmarkt, Imbissstände und Läden mit preisgünstiger indischer Mode. *Karte F3 • Race Course Rd. • tägl. 6–22 Uhr*

4 StyleMart
Diese Boutique ist auf edle indische Mode spezialisiert, darunter Stücke aus Seide und Brokat mit Perlenstickerei. *Karte F4 • 149/151 Selegie Rd. • 6338-2073 • Mo–Sa 11–20.45 Uhr, So 12–18.45 Uhr*

5 Handlooms
Dinge wie handgefertigte Baumwoll- und Seidentextilien, Kissenbezüge, Bettwäsche und Tischdecken sind hier recht günstig zu haben.
Karte F4 • Little India Arcade, 48 Serangoon Rd. • 6293-2861 • Mo–Sa 10–19.30 Uhr, So 10–17 Uhr

6 Melor's Curios
Neben Antiquitäten und Sammlerstücken aus Indonesien hat der Laden auch geschnitzte Holzmöbel und Kunstobjekte im Angebot. *Karte H5 • 39 Bussorah St. • 6292-3934 • tägl. 10–18 Uhr*

7 Jamal Kazura Aromatics
Die Düfte von Jamal Kazura basieren auf Öl, da muslimische Frauen nicht mit Alkohol in Berührung kommen möchten.
Karte H5 • 21 Bussorah St. • 6293-3320 • tägl. 9.30–18.30 Uhr

8 Basharahil Brothers
Batikstoffe aus Indonesien werden hier als Meterware, aber auch in Form von Sarongs, Tischsets, Tischdecken und Servietten angeboten. *Karte H5 • 101 Arab St. • 6296-0432 • Mo–Sa 10–18 Uhr, So 11–17 Uhr*

9 Rishi Handicrafts
Körbe, Hüte, Matten und Taschen des Ladens, eines Wahrzeichens der Arab Street, stammen aus Indonesien und China. *Karte H5 • 1 Bussorah St. • 6298-2408 • tägl. 10–18 Uhr*

10 Kupu Kupu
Die Mode dieser Boutique ist von südostasiatischen Silhouetten inspiriert und kunstvoll aus schöner Batik gefertigt.
Karte H5 • 32 Bussorah St. • 6294-2180 • Mo–Sa 10–18 Uhr, So 10–17 Uhr

Die meisten Geschäfte in Singapur akzeptieren Kreditkarten. In kleineren Läden wird dafür jedoch oft eine Gebühr berechnet.

Preiskategorien

Für ein Drei-Gänge-Menü pro Person mit einem alkoholfreien Getränk, inklusive Steuern und Service.		
	$	unter 20 S$
	$$	20–30 S$
	$$$	30–50 S$
	$$$$	50–70 S$
	$$$$$	über 70 S$

Links **Tepak Sireh Restoran** Rechts **Muthu's Curry**

TOP 10 Restaurants

Stadtteile – Little India & Kampong Glam

1 Jaggi's Northern Indian Cuisine
Genießen Sie köstliche indische Currys mit Fleisch und Brot aus dem Tandoori-Ofen. ◎ *Karte F3 • 34/36 Race Course Rd. • 6296-6141 • Mo-Sa 11.30–15.15 & 18.30–22.30 Uhr, So 10.30–15.30 Uhr (letzter So im Monat geschl.) • $*

2 Komala Villas
Spezialität der wohl schnellsten Mittagsoption der Gegend ist *dosai*, ein heißer Pfannkuchen mit Sauce. ◎ *Karte F4 • 76 Serangoon Rd. • 6294-3294 • tägl. 7–22.30 Uhr • $*

3 Muthu's Curry
Neben Singapurs beliebtestem Fischkopfcurry serviert Muthu's auch südindische Gerichte. ◎ *Karte F3 • 138 Race Course Rd. • 6392-1722 • tägl. 10.30–22.30 Uhr • $$*

4 The Banana Leaf Apollo
Der Name dieses Lokals in Singapurs »Curry row«, der Race Course Road, bezieht sich auf die Blätter, auf denen südindische Gerichte traditionell serviert werden. Es bietet aber auch nordindische Speisen. ◎ *Karte F3 • 56/58 Race Course Rd. • 6297-1595 • tägl. 10.30–22.30 Uhr • $$*

5 The French Stall
Ein Shophouse birgt dieses äußerst beliebte französische Bistro. ◎ *Karte G2 • 544 Serangoon Rd. • 6299-3544 • Di–So 15–22 Uhr • $$*

6 Sabar Menanti Restaurant
Hier gibt es *Halal*-Fleisch, Fisch und Gemüse in Gewürzen geschmort. Das Sumatra-Reisgericht *nasi padang* lohnt das Anstehen. ◎ *Karte H5 • 48/50 Kandahar St. • 6396-6919 • tägl. 8.30–18 Uhr • $*

7 Nabins Experience Arabia
Das vorwiegend arabische Lokal serviert auch andere Speisen. Gelegentlich treten Bauchtänzerinnen auf. ◎ *Karte G5 • 27 Bali Lane • 6398-0530 • Mo–Fr 10–23 Uhr, Sa & So 10–5 Uhr • $$*

8 Tepak Sireh Restoran
Das Haus, einst Teil des königlichen Areals, bietet heute als Restaurant Gerichte wie etwa *nasi padang*. ◎ *Karte H5 • 73 Sultan Gate • 6393-4373 • Mo-Sa 11.30–14.30 & 18.30–21.30 Uhr • $$*

9 Altazzag Egyptian Restaurant
Kebabs, Salat, Teespezialitäten und *sheeshas* machen dieses Lokal sehr beliebt. ◎ *Karte H5 • 24 Haji Lane • 6295-5024 • Mo–Sa 12–3 Uhr, So 17–3 Uhr • $$*

10 Zam Zam
Das Lokal ist für sein *murtabak* berühmt, ein indisches Brot, das mit Zwiebeln, Fleisch und Ei gefüllt ist und in Curry getunkt wird. ◎ *Karte G5 • 697/699 North Bridge Rd. • 6298-7011 • tägl. 8–23 Uhr • $*

 Wenn nicht anders angegeben, akzeptieren alle Restaurants Kreditkarten und bieten auch vegetarische Gerichte an.

Links **History Gallery im National Museum of Singapore** Rechts **Singapore Art Museum**

Colonial District

ALS SIR THOMAS STAMFORD RAFFLES in Singapur ankam, war dieses nur ein kleines, von Dschungel umgebenes Fischerdorf. Der Dschungel wich bald Bauprojekten, die der lokalen und später der kolonialen Regierung dienen sollten. Der Hügel wurde gerodet, ganz oben baute man die Gouverneursresidenz mit Botanischem Garten. Im frühen 19. Jahrhundert breitete sich der Bezirk aus, viele Gebäude stammen noch aus jener Zeit. Die älteste Stätte Singapurs ist der heutige Fort Canning Park. Dort liegt ein Grab, das Iskandar Shah gehören soll. Er war vor Raffles in Singapur, zog aber weiter und gründete Melaka in Malaysia.

TOP 10 Attraktionen

1. Fort Canning Park
2. Old Parliament House
3. Victoria Theatre & Concert Hall
4. Empress Place Building/ Asian Civilisations Museum
5. Statue von Raffles
6. Raffles Hotel
7. City Hall & Supreme Court
8. National Museum of Singapore
9. Singapore Art Museum
10. Singapore Philatelic Museum

Sir Thomas Stamford Raffles

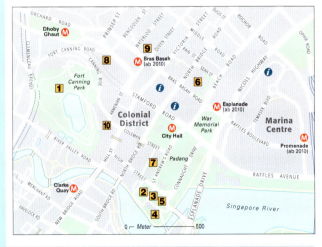

Das Colonial District ist das Herz der Innenstadt und besonders reich mit historischen Wahrzeichen gesegnet.

Stadtteile – Colonial District

Stadtteile – Colonial District

1. Fort Canning Park

Raffles baute an dieser Stelle sein Wohnhaus, 1860 wurde es durch Fort Canning ersetzt. Die Militärfestung auf dem Parkhügel war eindrucksvoll, erwies sich jedoch als ineffektiv, da die Kanonen von dort nicht den Hafen erreichten. 1929 wurde die Festung bis auf das gotische Portal abgerissen. Die Militärbüros werden heute von Künstlergruppen genutzt, auf den Wiesen finden Konzerte statt, die Battle Box dient als Kriegsmuseum *(siehe S. 40)*. ◉ *Karte K1–L2 • 51 Canning Rise • 6332-1302 • durchgehend geöffnet • www.nparks.gov.sg*

Nachgestelltes Kriegstreffen, Fort Canning Park

2. Old Parliament House

Mit der Villa des schottischen Kaufmanns Maxwell erwuchs Singapurs erster moderner Bau noch vor Umsetzung von Raffles' Stadtplanung *(siehe S. 86)*. Da er auf für öffentliche Gebäude vorgesehenem Gelände stand, wurde er bald vom Staat gepachtet und als Gericht genutzt. 1965–99 diente er dem Parlament, heute einem Kunstzentrum *(siehe S. 46)*. ◉ *Karte M3 • 1 Old Parliament Lane • 6332-6900 • tägl. 10–21 Uhr • Eintritt nur bei Veranstaltungen • www.theartshouse.com.sg*

3. Victoria Theatre & Concert Hall

Die 1862 fertiggestellte Town Hall war der erste Bau der Kolonialregierung. Was damals großzügig erschien, wurde als Staatsgebäude bald zu klein. 1909 gestaltete man das Haus in ein Theater um. Wie der angrenzende Konzertsaal von 1905 – nun Stammhaus des Singapore Symphony Orchestra – ist es Queen Victoria gewidmet. ◉ *Karte M3 • 9 Empress Place • 6339-6120 • nur bei Konzerten zugänglich*

4. Empress Place Building / Asian Civilisations Museum

Als Maxwells Villa für die stetig wachsende Kolonialverwaltung zu klein wurde, begann man mit dem Bau eines neuen Gebäudes. Der älteste Teil stammt von 1864. Es folgten drei Erweiterungsbauten, bevor das Gebäude 1905 als Empress Place Building eröffnet wurde. Noch bis in die 1980er Jahre waren dort öffentliche Ämter untergebracht. Da darunter auch das Geburten- und Todesregister war, sagt man, dass jeder Bürger Singapurs schon durch die Türen des Palasts gegangen sei. Seit 2003 ist hier das Asian Civilisations Museum zu Hause *(siehe S. 36)*. ◉ *Karte M3 • 1 Empress Place*

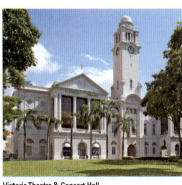

Victoria Theatre & Concert Hall

Singapurs Colonial District wird auch Colonial Core genannt.

Stadtteile – Colonial District

Innenhof des Raffles Hotel

Raffles' Stadtplan von 1822

1822 bildete Sir Stamford Raffles ein Komitee zur Planung und Aufteilung Singapurs in Regierungs-, Wohn- und Geschäftsviertel. Die daraus resultierenden Distrikte bestehen bis heute als Colonial District, Chinatown und Kampong Glam. Die meisten Regierungsgebäude um den Padang im Colonial District dienen heute der Kunst.

Statue von Raffles

Die Bronzestatue Sir Stamford Raffles' wurde 1887 auf dem Padang aufgestellt. Zu Singapurs 100-jährigem Jubiläum 1919 erhielt sie ihren Platz vor dem Victoria Theatre. Eine Replik steht an der Stelle am Singapore River, an der Raffles 1819 gelandet sein soll. *Karte M3 • 9 Empress Place*

Raffles Hotel

Im Colonial District standen viele Hotels für Europäer, doch nur eines davon steht bis heute. 1887 wurde ein Bungalow zum Hotel ausgebaut. Mit diversen An- und Umbauten entwickelte sich das Raffles dann zu einem Wahrzeichen der Stadt. Für W. Somerset Maugham, der ab den 1920er Jahren oft zu Gast war, stand es für »die märchenhafte Exotik des Ostens« *(siehe S. 24f)*.

City Hall & Supreme Court

Seit der Fertigstellung im Jahr 1929 war Singapurs Rathaus Schauplatz zahlreicher bedeutender historischer Ereignisse: 1945 war es Ort der Kapitulation Japans; 1959 proklamierte Premierminister Lee Kuan Yew hier die Selbstverwaltung Singapurs; 1966 bildete es den festlichen Rahmen für den ersten Nationalfeiertag der Republik. Das Gebäude für Singapurs Obersten Gerichtshof, der Supreme Court, wurde 1932 errichtet. Obwohl beide Bauten gewaltige Ausmaße haben, wurden sie für die Regierung mit der Zeit zu klein. Heute hat die Judikative ihren Sitz in einem modernen Gebäude hinter dem ursprünglichen Supreme Court, die Ämter und Büros der City Hall sind inzwischen in verschiedenen Neubauten untergebracht. *Karte M2/M3 • 3 St Andrew's Rd. • für die Öffentlichkeit geschlossen*

City Hall & Supreme Court

 Logieren im Raffles Hotel **www.raffles.com**

National Museum of Singapore

Das größte Museum Singapurs verfügt über 18 000 Quadratmeter Ausstellungsfläche, die ganz der Geschichte und Kultur des Landes gewidmet sind. Anhand unterhaltsamer multimedialer Exponate erhalten Besucher hier eine ausgezeichnete Einführung zu Singapur, die man nicht versäumen sollte *(siehe S. 8f)*.

Ausstellungsraum im Philatelic Museum

Singapore Art Museum

Das kleine Museum für zeitgenössische Kunst ist das größte der Region und eine wichtige Säule der südostasiatischen Kunstwelt. Das Haus hat sich der Pflege der darstellenden Künste Südostasiens verschrieben und versucht mit Ausstellungen und Programmen, die Allgemeinheit dafür zu sensibilisieren. *Karte L1/M1* • *71 Bras Basah Rd.* • *6332-3222*
• *Sa–Do 10–19 Uhr, Fr 10–21 Uhr*
• *Eintritt (Mo–Fr 12–14 Uhr & Fr nach 18 Uhr frei)* • *www.singart.com*

Singapore Philatelic Museum

Mit einer Sammlung seltener Briefmarken und Leihgaben von Privatsammlern dokumentiert das Museum Singapurs Geschichte und kulturelles Erbe. Gastausstellungen zeigen Briefmarken aus ganz Südostasien. *Karte L2*
• *23b Coleman Street* • *6337-3888*
• *Di–So 9–19 Uhr, Mo 13–19 Uhr*
• *Eintritt* • *www.spm.org.sg*

Ein Tag im Colonial District

Vormittag

Beginnen Sie den Tag im **National Museum** *(siehe S. 8f)*, um sich ausgiebig mit Singapurs Geschichte und Kultur vertraut zu machen. Die Stamford Road führt Sie dann nach rechts zur Armenian Street, der Sie bis zum **Peranakan Museum** *(siehe S. 36)* folgen. Das Haus widmet sich der Kulturgeschichte der Peranakan oder Straits-Chinesen. Entspannung nach so viel Kultur bietet die **Funan – DigitaLife Mall** *(siehe S. 49)* an der Kreuzung Hill Street/Coleman Street, wo Sie nach Elektronikartikeln stöbern können, aber auch Imbissgelegenheiten für einen Mittagssnack finden.

Nachmittag

Verlassen Sie die Mall am Ausgang North Bridge Road und gehen Sie nach links bis zur Bras Basah Road. Linker Hand liegt das **CHIJMES** *(siehe S. 35)*, eine ehemalige Missionsschule aus dem 19. Jahrhundert, die heute Läden, Restaurants und Clubs birgt. Wieder zurück an der Kreuzung sollten Sie unbedingt auch einen Blick in das **Raffles Hotel** werfen, ein Wahrzeichen Singapurs. Der Haupteingang weist auf die Beach Road, diese führt Sie zur MRT-Station City Hall. Dahinter liegt die **St Andrew's Cathedral** *(siehe S. 38)*. Nach Besichtigung der Kirche folgen Sie der Straße an Padang und **Supreme Court** vorbei, lassen **Old Parliament House** und **Victoria Theatre** hinter sich und gehen zum **Empress Place Building**, um dem **Asian Civilisations Museum** *(siehe S. 36)* einen Besuch abzustatten.

Stadtteile – Colonial District

Der Padang (»Feld«) dient von jeher der Öffentlichkeit – als Platz für staatliche Festlichkeiten, Sport- und andere Großveranstaltungen.

Links **Raffles Gift Shop** Mitte **Vergoldete Orchidee von RISIS** Rechts **Royal Selangor Zinn**

Shopping

1. Bugis Street Night Market
Anders als der Name andeutet, verkaufen die Stände auch tagsüber Souvenirs und billige Accessoires. ◎ *Karte G6 • Parco Bugis Junction, Victoria St. • tägl. 10/14–23 Uhr*

2. Olathe
Hier bekommen Sie Damenmode des Batik-Designers Peter Hoe, Textilien, Holzschnitzereien und Schmuck aus Südostasien.
◎ *Karte M1 • CHIJMES (01–05), 30 Victoria St. • 6339-6880 • tägl. 10–20 Uhr*

3. Raffles Gift Shop
Alle Produkte – von T-Shirts bis zu Porzellan – tragen das berühmte Raffles-Emblem. ◎ *Karte M1 • Raffles Hotel, 1 Beach Rd. • 6337-1886 • tägl. 8.30–18.30 Uhr*

4. Cathay Photo
Der Fotoladen bietet Qualität zu echten Schnäppchenpreisen.
◎ *Karte L2 • Peninsula Plaza, 111 North Bridge Rd. • 6337-4274 • Mo–Sa 10–19 Uhr*

5. ARTrium@MICA
Das Atrium eines Regierungsbaus säumen private Galerien mit zeitgenössischer asiatischer Kunst *(siehe S. 47)*.

6. RISIS
1976 entwickelte eine Regierungsbehörde eine Methode, Orchideen in 24-karätigem Gold zu konservieren. RISIS verkauft nun Schmuckstücke aus der Nationalblume Vanda Miss Joaquim und anderen Orchideenarten.
◎ *Karte N1 • Suntec City Tower 1, 3 Temasek Blvd. • 6338-8250 • tägl. 11–21 Uhr*

7. Challenger
Dieser Megastore verkauft Computerzubehör zu tollen Preisen. ◎ *Karte L2 • Funan DigitaLife Mall, 109 North Bridge Rd. • 6339-9008 • tägl. 10.30–20 Uhr (Sa bis 21 Uhr)*

8. Royal Selangor Pewter Centre
Das bereits 1885 gegründete Zentrum ist für feine Zinnwaren bekannt. ◎ *Karte K2 • 3a River Valley Rd. • 6268-9600 • tägl. 9–21 Uhr*

9. Museum Shop by Banyan Tree
Stöbern Sie in »grünen« Geschenken, Büchern und Wellness-Produkten von Banyan Tree. ◎ *Karte M3 • Asian Civilisations Museum, 1 Empress Place Rd. • 6336-9050 • Mo 13–19 Uhr, Di–Do & So 9–19 Uhr, Fr 9–21 Uhr*

10. The Planet Traveller
Das Angebot an Reiseausrüstung umfasst Bücher, Karten und sogar Kofferreparaturen. ◎ *Karte N3 • 6 Raffles Boulevard • 6337-0291 • tägl. 10.30–21 Uhr*

Die meisten Geschäfte in Singapur akzeptieren Kreditkarten. In kleineren Läden wird dafür jedoch oft eine Gebühr berechnet.

Lei Garden im CHIJMES

Preiskategorien		
Für ein Drei-Gänge-Menü	$	unter 20 S$
pro Person mit einem	$$	20–30 S$
alkoholfreien Getränk,	$$$	30–50 S$
inklusive Steuern	$$$$	50–70 S$
und Service.	$$$$$	über 70 S$

TOP 10 Restaurants

Stadtteile – Colonial District

1 Rendezvous Restaurant
Das Dekor spiegelt die 60-jährige Geschichte des authentischen *nasi padang*-Lokals. ⓜ *Karte F5 • Hotel Rendezvous, 9 Bras Basah Rd. • 6339-7508 • tägl. 11–21 Uhr • $*

2 Equinox
Im höchsten Hotel Südostasiens genießt man feines Essen und eine tolle Aussicht. ⓜ *Karte M2 • Swissôtel, 2 Stamford Rd. • 6837-3322 • Mo-Sa 12–14.30, 15–17 & 18.30–23 Uhr, So 11–14.30 & 19–23 Uhr • $$$$$*

3 Lei Garden
Dieses Lokal im CHIJMES-Komplex bietet echte Kanton-Küche, z. B. köstliches *dim sum*. ⓜ *Karte M1 • 30 Victoria St. • 6339-3822 • tägl. 11.30–15 & 18–23 Uhr • $$$$*

4 Tiffin Room
Das asiatische Restaurant ist nach der dreistöckigen indischen Lunch-Box benannt. ⓜ *Karte M1 • 1 Beach Rd. • 6331-1612 • tägl. 7–10, 12–14 (So 11.30–14.30), 15.30–17.30 & 19–22 Uhr • $$$$*

5 My Humble House
Das vornehme Interieur bildet den perfekten Rahmen für die gehobene chinesische Küche. ⓜ *Karte N3 • 8 Raffles Ave. • 6423-1881 • tägl. 11.45–15 & 18.30–23 Uhr • $$$$$*

6 Quayside Seafood
Genießen Sie einheimische Meeresfrüchte im Freien mit Blick auf den Fluss. ⓜ *Karte K2 • 3a River Valley Rd. • 6434-5288 • So–Do 18–24 Uhr, Fr & Sa 18–1 Uhr • $$$*

7 Prego
Das farbenfrohe Bistro zieht Einheimische und Besucher an. Besonders verlockend sind die herrlich dünnen Pizzas.
ⓜ *Karte M1 • 80 Bras Basah Rd. • 6431-6156 • tägl. 11.30–14.30 (So 12–14.30) & 18.30–22.30 Uhr • $$$*

8 Soup Restaurant
Von den Gerichten nach alten chinesischen Rezepten sollten Sie sich vor allem die Suppen nicht entgehen lassen. ⓜ *Karte M1 • 39 Seah St. • 6333-9388 • tägl. 11.30–14.30 & 17.30–22 Uhr • $$*

9 Flutes at the Fort
Das Restaurant hat sich auf moderne australische Küche spezialisiert und serviert u. a. perfektes Lammkarree. ⓜ *Karte L1 • 21 Lewin Terrace • 6338-8770 • Mo–Fr 12–14 & 18.30–22 Uhr, Sa 11–14.30 & 18.30–22.30 Uhr • $$$$$*

10 Sage The Restaurant
Die Variationen der klassischen französischen Küche zergehen wahrlich auf der Zunge.
ⓜ *Karte J2 • 7 Mohammed Sultan Rd. • 6333-8726 • Di–So 18.30–22.30 Uhr, Mi–Fr auch 12–14.30 Uhr • $$$*

→ *Wenn nicht anders angegeben, akzeptieren alle Restaurants Kreditkarten und bieten auch vegetarische Gerichte an.*

89

Links **Crossroads Café** Mitte **Goodwood Park Hotel** Rechts **Reihenhäuser der Emerald Hill Road**

Orchard Road

DIE ORCHARD ROAD HAT IHREN NAMEN *von den Plantagen, die hier in den 1830er Jahren gediehen. Damals wurde Muskatnuss angebaut, aber auch Obst, Gewürze und Pfeffer. Mitte des 19. Jahrhunderts vernichtete eine Krankheit die Muskatpflanzen. Gleichzeitig war die Zahl der in Singapur lebenden Europäer stark angewachsen – sie brauchten mehr Platz. Die Orchard Road durchschnitt ein enges Tal und war von schweren Überschwemmungen geplagt, doch kaum waren Pläne zur Trockenlegung gemacht, siedelten sich dort Betriebe an, um die Kolonialgemeinde zu versorgen. Im Jahr 1958 eröffnete C. K. Tang hier den ersten Laden, 1973 erhielt die Orchard Road mit dem Mandarin Hotel ihren ersten Wolkenkratzer.*

Ngee Ann City

Attraktionen

1. Istana & Sri Temasek
2. Emerald Hill Road
3. Singapore Botanic Gardens
4. Tangs
5. Tanglin Mall
6. Ngee Ann City
7. Goodwood Park Hotel
8. Crossroads Café
9. Straßenkünstler
10. Youth Park & Skate Park

Das Mandarin Hotel, nun Meritus Mandarin Singapure, bietet mit seinem Drehrestaurant im 39. Stock tolle Aussicht auf das Viertel.

Stadtteile – Orchard Road

Istana & Sri Temasek

Der Bau der Gouverneursresidenz Istana galt als viel zu teuer. Nach der Fertigstellung 1869 überzeugte das Gebäude aber auch die Kritiker. Der Palast steht oben auf dem Hügel inmitten tropischer Gärten. Inzwischen dient er nicht mehr als Residenz, sondern wird für Staatsempfänge genutzt. An Feiertagen steht er auch Besuchern offen. Das kleinere Gebäude auf dem Gelände, Sri Temasek, wurde für Kolonialbeamte gebaut *(siehe S. 35)*.

Emerald Hill Road

Im Vergleich zur lärmenden Orchard Road ist die Emerald Hill Road überraschend ruhig. In den schön renovierten Reihenhäusern im Peranakan-Stil wohnen jetzt Millionäre. Die Häuser der Straße sind vielgestaltig – von einfachen Kästen aus dem 19. Jahrhundert bis zu Vorkriegsbauten in überladenem chinesischen Terrassenstil bis zu üppig verzierten Art-déco-Varianten von Shophouses der 1950er Jahre. ◉ *Karte C4/C5*

Singapore Botanic Gardens

Die wunderbaren Gärten erinnern Besucher an die landwirtschaftlichen Wurzeln des Gebiets und die Bewohner daran, dass die

Eingang zu den Singapore Botanic Gardens

ganze Gegend einst von üppigem Tropenwald bewachsen war. Der Park ist morgens bei Joggern beliebt, nachmittags bei Fotografen und an Wochenenden bei Familien, die den Jacob Balas Children's Garden besuchen. An den Seen werden Musik- und Tanzvorstellungen sowie Filmvorführungen geboten *(siehe S. 18f)*.

Tangs

Singapurs einheimisches Warenhaus erwuchs aus den Träumen eines Hausierers, der 1923 aus China gekommen war. Die Truhe, in der C. K. Tang, auch »Tin Trunk Man« genannt, seine Waren umhertrug, wurde später zum Markenzeichen. 1958 erwarb Tang dieses Grundstück in bester Lage zu den Wohnhäusern der Europäer. Bis heute ist seine Familie in Besitz des Hauses und des Grunds, auf dem es steht – mittlerweile an einer der belebtesten Kreuzungen der Stadt. ◉ *Karte B4*

- 310 & 320 Orchard Rd.
- 6737-5500
- Mo – Do 10.30 – 21.30 Uhr, Fr & Sa 10.30 – 23 Uhr, So 11 – 18.30 Uhr
- www.tangs.com

Tangs Department Store, Scotts Road

 Vor allem an den Wochenenden drängen sich die Menschen auf den Straßen rund um die Orchard Road.

Stadtteile – Orchard Road

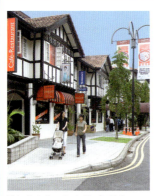

Einkaufsstraße nahe der Tanglin Mall

Tanglin Mall
In Singapur lebende Ausländer kaufen gern in der als »Expat-Enklave« bekannten Shopping Mall ein, da sie eine große Auswahl importierter Lebensmittel und Spezialitäten führt. Die Kunden hier stammen aus aller Welt. Die Botschaften der USA und Großbritanniens liegen gleich gegenüber. ✪ *Karte S3 • 163 Tanglin Rd.*

Ngee Ann City
Das eindrucksvolle Shopping-Center der Ngee Ann Kongsi Group ist wie eine »Stadt in der Stadt« angelegt. Die orientalische Fassade kontrastiert mit dem westlichen Interieur, was für ein kosmopolitisches Ambiente sorgt. Ein Hauptpächter des Hauses ist Takashimaya, ein Einzelhandelsriese aus Japan. Die Mall beherbergt mehr als 30 internationale Restaurants. Auch Asiens größter Buchladen, Kinokuniya Singapore, ist hier zu finden *(siehe S. 48)*. ✪ *Karte B4/C5 • 391 Orchard Rd. • 6506-0461 • tägl. 10–21.30 Uhr • www.ngeeanncity.com.sg*

Stamford Canal
Die Fußgängerzone der Orchard Road verläuft über einem riesigen Kanal, der Regenwasser ableitet und die Gegend während des Monsuns vor Überflutung schützt. Der Stamford Canal beginnt an der Tanglin Road, fließt unter den Malls Wisma Atria und Ngee Ann City hindurch und an der City Hall vorbei in die Marina Bay.

Goodwood Park Hotel
Das 1900 erbaute Hotel hieß erst Teutonia Club und war eine Enklave deutscher Auswanderer. Ab 1929 beherbergte es als Goodwood Park Hotel vor allem Geschäftsleute von der Malaiischen Halbinsel. Es überstand beide Weltkriege und bewahrte seine Schönheit – kannelierte Säulen, filigrane Holzarbeiten, Stuck und anmutige Torbogen wurden sorgfältig restauriert. Die sechs Restaurants des Hauses, darunter Min Jiang, L'Espresso und Coffee Lounge, sind alle preisgekrönt.
✪ *Karte B3 • 22 Scotts Rd. • 6737-7411 • www.goodwoodparkhotel.com*

Crossroads Café
Es gibt wohl keinen besseren Ort zum Leutebeobachten als dieses Straßencafé an der Ecke Orchard und Scotts Road, Singapurs belebtester Kreuzung. Die Gehwege wimmeln von Leuten.

Atrium des Orchard Cineleisure

 Noch mehr Shopping-Gelegenheiten rund um die Orchard Road siehe S. 94

In der Tat scheint jeder Besucher der Stadt hier vorbeizukommen, dazu die Einheimischen, die in den Malls der Straße einkaufen. Hier treffen sich die Teenager wie auch am Wochenende die Dienstmädchen, um ihren freien Tag gemeinsam zu verbringen. ◎ *Karte B4 • Singapore Marriott Hotel, 320 Orchard Rd. • 6831-4605 • tägl. 6–23 Uhr • www. crossroads.singaporemarriott.com*

Straßenmusikerin in der Orchard Road

Straßenkünstler

Singapur hat kürzlich die Bestimmungen für Straßenkunst gelockert und damit Musikern, Komikern und Zauberern den Weg geebnet. Diverse Straßenmusikfestivals locken nun einige der besten Straßenkünstler der Welt hierher. Dafür wurden sogar die Gehwege der Orchard Road verbreitert und spezielle Auftrittsflächen geschaffen. Das Singapore Tourism Board *(siehe S. 107)* informiert über Straßen-Events.
◎ *Orchard Road*

Youth Park & Skate Park

Diese beiden Parks ziehen – zusammen mit den benachbarten Orchard Cineleisure und Heeren Shopping Mall – mit kostenlosen Konzerten und Events Scharen junger Einheimischer an. Bis spät in die Nacht herrscht Leben im Skate Park; im Kino des Cineleisure laufen am Wochenende Mitternachtsfilme. ◎ *Karte C5*

Ein Tag in der Orchard Road

Vormittag

Beginnen Sie an der Promenade der Orchard Road im **Ngee Ann City**, das die luxuriösesten Marken der Welt führt. Stöbern Sie in den Regalen von **Kinokuniya Singapore** *(siehe S. 94)*, dem größten Buchladen der Stadt, oder durch handgefertigte indonesische Batikwaren im **Bin House** *(siehe S. 94)*. Dann folgen Sie der Promenade an Straßenkünstlern und Ruheplätzen vorbei zum Kaufhaus **Tangs**, bevor Sie sich im **Crossroads Café** eine Pause gönnen. In der benachbarten **Lucky Plaza** *(siehe S. 49)* gibt es günstige Elektronikartikel (und ein paar unseriöse Verkäufer). Die Orchard Road weiter hinunter liegt rechts das Hotel Meritus Mandarin mit dem Drehrestaurant **Chatterbox** *(siehe S. 95)*, links taucht die Heeren Shopping Mall und rechts das **Orchard Cineleisure** auf. An der Ecke Emerald Hill Road liegt **Peranakan Place** mit vielen Cafés und Imbissmöglichkeiten.

Nachmittag

Nach dem Essen sollten Sie dann einen Blick in die **Emerald Hill Road** werfen, um die schön restaurierten Peranakan-Shophouses zu bewundern. Einige sind Kneipen oder Läden, also sehen Sie dort ruhig hinein. Nr. 5 ist noch weitgehend original erhalten. Zurück in der Orchard Road können Sie in den zahlreichen Malls und Läden die verbleibenden Stunden verbringen, bis dann am Spätnachmittag die beste Zeit ist, **Istana & Sri Temasek** zu besuchen. Die Edinburgh Road führt Sie hin.

Stadtteile – Orchard Road

Wer die Orchard Road besucht, sollte unbedingt auch in Singapurs bester Weinbar einkehren, dem Que Pasa, 7 Emerald Hill Road.

Links **Atrium der DFS Galleria** Rechts **Hilton Shopping Gallery**

TOP 10 Shopping

1 Tangs
Singapurs ureigenes Kaufhaus bietet ein breites Sortiment internationaler und einheimischer Mode *(siehe S. 91)*.

2 Takashimaya
Einer der größten und ältesten Einzelhändler Japans verkauft Mode, Kosmetik und Haushaltswaren. ⓢ *Karte B4 • Ngee Ann City, 391 Orchard Rd. • 6738-1111 • tägl. 10–21.30 Uhr*

3 Hilton Shopping Gallery
Diese kleine Hotelgalerie führt Luxusmarken wie Bulgari, Dolce & Gabbana, Giorgio Armani und Cartier. ⓢ *Karte A4 • 581 Orchard Rd. • 6734-5250 • tägl. 10–18 Uhr*

4 Kinokuniya Singapore
Der größte Buchladen der Stadt hat über 500 000 Titel auf Lager. ⓢ *Karte B4 • Ngee Ann City (03–10/15), 391 Orchard Road • 6737-5021 • So–Fr 10–21.30 Uhr, Sa 10–22 Uhr*

5 Naga Arts & Antiques
Stöbern Sie zwischen Möbeln aus Tibet, Buddha-Figuren aus Burma und Textilien aus China. ⓢ *Karte A4 • 19 Tanglin Rd. • 6235-7084 • Mo–Sa 10.30–18.30 Uhr*

6 Shanghai Tang
Die Luxusmarke ist von dem modischen Erbe Chinas inspiriert. Sie kombiniert traditionelles Design mit leuchtenden Farben. ⓢ *Karte B4 • Ngee Ann City (02–12), 391 Orchard Road • 6737-3537 • Mo–Sa 10.30–18.30 Uhr, So 11–18.30 Uhr*

7 Mumbai Se
Indiens Tradition in Sachen Textilien wird hier in farbenfroher und ethnisch inspirierter Top-Mode fortgesetzt. ⓢ *Karte A4 • 390 Orchard Rd. • 6733-7188 • Mo–Sa 10.30–20 Uhr, So 11–19 Uhr*

8 Bin House
Die handgefertigten Sarongs, Schals und Tücher sind wunderschöne Beispiele für die Web- und Batiktechniken Indonesiens. ⓢ *Karte B4 • Ngee Ann City (02–12F), 391 Orchard Road • 6733-6789 • tägl. 11–21 Uhr*

9 Hassan's Carpets
Dieser Teppichladen, eines der ältesten Familienunternehmen in Singapur, steht sowohl für Qualität als auch für künstlerische Integrität. ⓢ *Karte A4 • Tanglin Shopping Center, 19 Tanglin Rd. • 6737-5626 • Mo–Sa 10–19 Uhr, So 11–16 Uhr*

10 DFS Galleria
Dieser Duty-free-Händler für Luxusartikel ist der größte der Welt. Hier werden Ihre Einkäufe gleich direkt zum Flughafen geliefert. ⓢ *Karte B3 • 25 Scotts Rd. • 6229-8100 • So–Do 10–22 Uhr, Fr & Sa 10–22.30 Uhr*

Die meisten Geschäfte in Singapur akzeptieren Kreditkarten. In kleineren Läden wird dafür jedoch eine Gebühr berechnet.

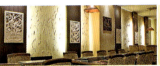

The Rice Table

Preiskategorien

Für ein Drei-Gänge-Menü pro Person mit einem alkoholfreien Getränk, inklusive Steuern und Service.

$	unter 20 S$
$$	20–30 S$
$$$	30–50 S$
$$$$	50–70 S$
$$$$$	über 70 S$

Top 10 Restaurants

1 Les Amis

Die kreative europäische Küche von Les Amis hat schon viele Preise gewonnen. *Karte B4 • 1 Scotts Rd. • 6733-2225 • Mo–Sa 12–14.30 & 19–22.30 Uhr • $$$$$*

2 Crystal Jade Palace

Das Vorzeigerestaurant der Crystal-Jade-Kette serviert Gerichte im kantonesischen Stil. *Karte B4 • 391 Orchard Rd. • 6735-2388 • Mo–Fr 11.30–23 Uhr, Sa & So 11.30–15 & 18–23 Uhr • $$$$*

3 The Line

Ein Büfett mit 16 Stationen bietet Tandoori, Sushi, Fleischgerichte, Salate, Eintöpfe und Pasta. *Karte A3 • Shangri-La Hotel, 22 Orange Grove Rd. • 6213-4275 • tägl. 6–10.30, 12–14.30 & 18.30–6 Uhr • $$$$*

4 mezza9

In diesem Hotelrestaurant kann man zwischen neun Örtlichkeiten wählen, darunter eine Martini- und Zigarrenbar und ein europäisches Deli. *Karte B4 • Grand Hyatt, 10 Scotts Rd. • 6416-7189 • Mo–Sa 12–23 Uhr, So 11.30–23 Uhr • $$$$$*

5 StraitsKitchen

Sehen Sie den Köchen dabei zu, wie sie frische asiatische Speisen zubereiten. *Karte B4 • Grand Hyatt, 10 Scotts Rd. • 6732-1234 • 6.30–24 Uhr • $$$*

6 The Sanctuary

Das Straßencafé mit Lounge serviert vietnamesische, kambodschanische, laotische und westliche Speisen. *Karte B4 • 435 Orchard Rd. • 6238-3473 • Mo–Do 12–2 Uhr, Fr & Sa 12–3 Uhr, So 12–1 Uhr • $$$*

7 Tandoor North Indian Restaurant

In diesem preisgekrönten Lokal genießen Sie die beste nordindische Küche in ganz Singapur. *Karte D5 • Holiday Inn, 11 Cavenagh Rd. • 6730-0153 • tägl. 12–14.30 & 19–22.30 Uhr • $$$$*

8 Patara Fine Thai

Gerichte mit westlichem Einfluss ergänzen die authentische Thai-Küche. *Tanglin Mall, 163 Tanglin Rd. • 6737-0818 • tägl. 12–15 & 18–22 Uhr • $$$*

9 The Rice Table

Hier gibt es indonesische *rijsttafel* – Fleisch, Fisch und Gemüse mit Reis. *Karte B4 • International Building, 360 Orchard Rd. • 6835-3783 • tägl. 12–15 & 18–21.15 Uhr • $$*

10 Chatterbox

Das Drehrestaurant ist für den Ausblick und für seinen beliebten Hühnerreis berühmt. *Karte C5 • Meritus Mandarin Hotel, 333 Orchard Rd. • 6831-6288 • So–Do 5–1 Uhr, Fr & Sa durchgehend • $$$*

Wenn nicht anders angegeben, akzeptieren alle Restaurants Kreditkarten und bieten auch vegetarische Gerichte an.

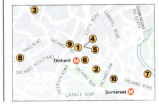

Links **Sungei Buloh Wetland Reserve** Rechts **Bukit Timah Nature Reserve**

Abstecher

DAS RAUTENFÖRMIGE SINGAPUR *ist nur 683 Quadratkilometer groß, die Küste 193 Kilometer lang. Das urbane Zentrum sitzt an der Südspitze der Insel. Am Stadtrand liegen Wohngebiete aus der Vorkriegszeit mit niedrigen Häusern und Läden für traditionelle Gewerbe. Dahinter befinden sich die New Towns mit ihren Apartmenthochhäusern, Schulen, Geschäftsbetrieben und anderen Einrichtungen. Das Liniennetz der Mass Rapid Transit (MRT) zieht einen Kreis um die wichtigsten New Towns und verbindet sie mit der Stadt. Für die Erkundung des grünen Umlands kann man gut und gerne mehrere Tage einplanen.*

Attraktionen

1. Singapore Zoo & Night Safari
2. Jurong Bird Park
3. Bukit Timah Nature Reserve
4. Chinese Garden & Japanese Garden
5. Sungei Buloh Wetland Reserve
6. Sun Yat Sen Nanyang Memorial Hall
7. Lian Shan Shuang Lin Temple
8. Southern Ridges
9. Mandai Orchid Garden
10. Kranji War Memorial & Cemetery

Zwillingspagoden im Chinese Garden

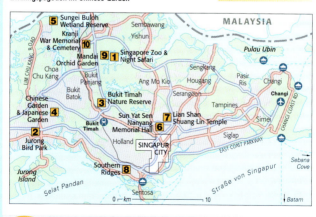

 Einige der schönsten Sehenswürdigkeiten liegen außerhalb der Stadt: Parks, Gärten, historische Gebäude, Denkmäler und Inseln.

Stadtteile – Abstecher

1. Singapore Zoo & Night Safari

Den Zoo mit seinen exotischen Tieren in groß angelegten Freigehegen, den Fütterungen, Führungen, Tiershows und dem Spielplatz sollten Sie nicht verpassen. Die Night Safari ist eine Weltneuheit und bietet Besuchern die Möglichkeit, nachtaktive Tiere dann zu sehen, wenn sie am aktivsten sind. Der neben dem Mandai Reservoir gelegene Zoo zieht auch viele heimische Tiere an, darunter Warane und Makaken, die aus dem umliegenden Dschungelgebiet auf Nahrungssuche hierherkommen *(siehe S. 20f)*.

Weißer Tiger im Singapore Zoo

2. Jurong Bird Park

Man kann ohne Weiteres einen halben Tag damit verbringen, die weltgrößte begehbare Voliere und andere Attraktionen des Parks zu bestaunen, die die schier unendliche Vielfalt der südostasiatischen Vogelarten zeigen. Täglich finden Fütterungen und Shows statt, darunter die frühmorgendliche Frühstücksshow, wenn die Vögel aus voller Kehle zwitschern und die Luft noch angenehm kühl ist *(siehe S. 51)*. ❉ *Karte R2 • 2 Jurong Hill • 6265-0022 • tägl. 8.30–18 Uhr • Eintritt • www.birdpark.com.sg*

3. Bukit Timah Nature Reserve

Das große Naturreservat bietet die seltene Gelegenheit, primären Regenwald ganz nahe der Stadt zu erkunden. Es gibt fünf Wanderwege von einfach bis anspruchsvoll, die jeweils bis zu zwei Stunden beanspruchen. Der Park, Lebensraum vieler Vögel, Insekten und kleiner Säugetiere, dient dem Erhalt der Artenvielfalt und steht unter Naturschutz. Aktivitäten, die der Flora und Fauna schaden, z. B. das Füttern der Tiere oder Radfahren abseits der Wege, sind verboten. Ein Besucherzentrum bietet Information, Toiletten und eine Erste-Hilfe-Station *(siehe S. 43)*. ❉ *Karte S2 • 177 Hindhede Dr. • 6468-5736 • tägl. 8.30–18.00 Uhr • www.nparks.gov.sg*

4. Chinese Garden & Japanese Garden

Wie in einem kaiserlichen Garten fügen sich die Bogenbrücken, Mondtore und Zwillingspagoden des Chinese Garden in die Landschaft aus Bambushainen, Bäumen und blühenden Sträuchern ein. Der Innenhof im Suzhou-Stil bildet die friedliche Kulisse für die Bonsai-Sammlung. Einen stillen See zieren Steinboot und Teehaus. Der benachbarte Japanese Garden ist in minimalistischem Zen-Stil gehalten. Kieswege und Landschaftsgestaltung sorgen für eine besinnliche Atmosphäre *(siehe S. 42)*. ❉ *Karte R2 • 1 Chinese Garden Rd. • 6261-3632 • tägl. 9–18 Uhr • Eintritt für Garden of Abundance*

Fütterung im Jurong Bird Park

Vorstadtleben in Singapur **www.visitsingapore.de**

97

Garden City

Vor über 40 Jahren wurde Premierminister Lee Kuan Yew der Wert der Natur bewusst. In den 1970er Jahren bepflanzte man verschiedene Flächen mit Narrabäumen und Bougainvilleas. Seither spielt die Natur bei der Stadtplanung stets eine Rolle. Dem National Parks Board unterstehen heute etwa 9500 Hektar Land in mehr als 300 Parks.

Sungei Buloh Wetland Reserve

Eine Reihe von Pfaden und Holzstegen führt durch Mangrovensümpfe, Watt- und Teichgebiete, überwuchert von einzigartigen Blumen und Sträuchern, die die Ufernähe lieben. Man sieht hier Eisvögel, Kiebitze, Wasserläufer, Reiher und Tierarten wie Otter, Krabben und Schlammhummer. Das Besucherzentrum zeigt einen Film über die Geschichte des Parks *(siehe S. 43)*. *Karte R1 • 301 Neo Tiew Crescent • 6794-1401 • Mo–Sa 7.30–19 Uhr, So 7–19 Uhr • Eintritt nur am Wochenende • www.sbwr.org.sg*

Sun Yat Sen Nanyang Memorial Hall

Der Vorstadtbungalow aus dem 19. Jahrhundert war einst die Privatresidenz eines Singapurer Geschäftsmanns, bis dieser ihn dem chinesischen Revolutionär Dr. Sun Yat Sen als Hauptquartier für Aktivitäten in Südostasien stiftete. Als Dr. Suns Kuomintang-Partei 1911 Chinas Qing-Dynastie beendete, wurde der Bau der örtlichen Chinese Chamber of Commerce (Handelskammer) übereignet. Heute widmet sich hier ein Museum der Geschichte von Dr. Suns Revolution und den Chinesen der Nanyang (Südsee), die sich für seine Sache einsetzten *(siehe S. 37)*. *Karte T2 • 12 Tai Gin Rd. • 6256-7377 • Di–So 9–17 Uhr • Eintritt • www.wanqingyuan.com.sg*

Lian Shan Shuang Lin Temple

Der Name des mit 110 Jahren ältesten Buddhisten-Klosters in Singapur bedeutet »Zwillingshain des Lotusbergtempels«. Die drei Haupthallen – Hall of Celestial Kings, Mahavira Hall und Dharma Hall – sind im charakteristischen Stil der südchinesischen Provinz Fujian gebaut. Auf dem Gelände steht auch eine siebenstöckige Granitpagode. Bei den Hokkien-Chinesen trägt der Tempel den Namen Siong Lim. *Karte T2 • 184 Jalan Toa Payoh • 6259-6924 • durchgehend geöffnet*

Southern Ridges

Die Südwestküste der Insel ist von Hügeln und felsigen Hängen gesäumt. Vier Parks – Mount Faber Park, Telok Blangah Hill Park, Kent Ridge Park und West Coast Park – sind dort durch Brücken miteinander verbunden. Sie gewähren fantastische Aus-

Sun Yat Sen Nanyang Memorial Hall

Singapurs Nationalparks & Gärten siehe S. 42f

Mandai Orchid Garden

blicke – vor allem die Henderson Waves Bridge, die die Wanderwege von Mount Faber Park und Telok Blangah Hill Park verbindet.
⊕ Karte S3 • Henderson Rd. • 1800-471-7300 • durchgehend geöffnet • www.nparks.goc.sg

Mandai Orchid Garden
Bei einem Besuch des Singapore Zoo bietet sich auch ein Abstecher zu diesem Garten an. Hier wachsen mehr als 200 Orchideenarten für den Verkauf vor Ort oder den Export, aber auch zahlreiche Schnittblumen, Tropenfrüchte, Kräuter und Gewürze. Auf dem Gelände befinden sich ein Café und ein Restaurant.
⊕ Karte S1 • 200 Mandai Lake Rd. • 6269-1036 • tägl. 9–18 Uhr • Eintritt • www.mandai.com.sg

Kranji War Memorial & Cemetery
Auf diesem idyllischen Friedhof, der die Strait of Johor überblickt, markieren etwa 4000 Grabsteine die Gräber von Briten, Australiern, Kanadiern, Indern und Malaien, die im Zweiten Weltkrieg gefallen sind. Ein Denkmal ist weiteren 24 000 Soldaten gewidmet, deren sterbliche Überreste nie gefunden wurden *(siehe S. 41)*. ⊕ Karte R1 • 9 Woodlands Rd. • tägl. 7–18 Uhr

Ein Tag außerhalb der Stadt

Vormittag

Für diesen Ausflug bietet es sich an, im Vorfeld ein GT-Tagesticket zu besorgen (www.bushub.com.sg), mit dem Sie für 11 S$ freie Fahrt zu allen wichtigen Attraktionen haben. Nehmen Sie frühmorgens den Express-Service-Bus von einer der Haltestellen in der Orchard Road zum **Singapore Zoo** *(siehe S. 20f)*. In den kühlen Morgenstunden sind die Zootiere aktiver. Der Bus Nr. 138 bringt Sie anschließen in fünf Minuten zum **Mandai Orchid Garden**, wo Sie auf netten Wanderwegen zwischen blühenden Beeten lustwandeln können. Ein Mittagessen bietet das Parkrestaurant Vanilla Pod. Die Küche verwendet Orchideen, Kräuter und Gewürze aus eigenem Anbau. Sowohl der klimatisierte Speiseraum als auch die Veranda erlauben herrliche Ausblicke auf die Gartenanlagen.

Nachmittag

Nach dem Essen nehmen Sie den Bus Nr. 138 zurück zum Zoo und steigen dort in den Expressbus zum **Jurong Bird Park** im Westen Singapurs. Dort können Sie das Gelände mit dem Panoramazug erkunden, das Waterfall Aviary besichtigen, Wissenswertes über die einheimischen Vogelarten erfahren und sich eine der Tiershows ansehen. Mit einem Taxi ist es von hier auch nicht mehr weit zu **Chinese Garden & Japanese Garden**. Diese bieten nicht nur Entspannung – die malerischen Brücken, Seen, Pagoden und Bonsais sind auch besonders schöne Fotomotive.

Stadtteile – Abstecher

Tipps für weitere Ausflüge finden Sie unter
www.touristiklinks.de/stadt/singapur/ausfluege/

Links **Shophouses in Katong** Rechts **Die moderne Vorstadt Pasir Ris**

TOP 10 Vororte

Katong / Joo Chiat
Die beiden Schmelztiegel von Peranakan, Eurasiern, Malaien, Indern und Chinesen sind, was Imbissstände betrifft, wahre Schatzkammern. ◎ *Karte T2*

Geylang
Während in Kampong Glam die vielfältige muslimische Kultur vorherrscht, ist Geylang malaiisch geprägt. Die Läden und Lokale zielen eher auf die Bewohner des Ortes ab als auf Besucher. Das macht sie besonders authentisch. ◎ *Karte T2*

Siglap
Das ruhige Wohngebiet ist mittlerweile vor allem bei der ausländischen Bevölkerung beliebt. In letzter Zeit sind hier einige einladende Restaurants und Cafés entstanden. ◎ *Karte U2*

Tiong Bahru
Restaurierte Art-déco-Bauten und der Zustrom von Künstlern sorgen in der ältesten New Town Singapurs für eine interessante Mischung aus Alt und Neu. Besuchen Sie unbedingt das Hawker Center. ◎ *Karte S3*

Holland Village
Diese echte »Expat-Enklave« hat interessante Läden mit asiatischer Kunst, Geschenken und Wohnaccessoires zu bieten. In den schicken Straßencafés und Bars sitzen die Bewohner verschiedenster Nationalitäten zusammen. ◎ *Karte S2/S3*

Dempsey Hill
In der Ansammlung ehemaliger Militärbaracken nahe dem Botanischen Garten kann man hervorragend nach Kunst, Antiquitäten und Wohndekor stöbern. Cafés, Bars und Restaurants der Gegend sind abends und an Wochenenden gut besucht. ◎ *Karte S2*

Toa Payoh
Als Inbegriff einer New Town liegt Toa Payoh zentral, ist von Hochhäusern umgeben und bietet seinen Bewohnern eine lebhafte Shopping Mall. Viele der Läden gibt es seit Jahrzehnten. ◎ *Karte T2*

Changi Point
Der ländliche Ort am Meer besitzt ein offenes Hawker Center, einen Golfplatz, einen Strand für Wassersport und einen Fährhaten, von dem Boote zur Insel Pulau Ubin ablegen. ◎ *Karte V1*

Woodlands
Der Malaysia nächstgelegene Ort Singapurs verfügt über eine der größten Shopping Malls des Landes. Rund um die Singapore American School hat sich eine große amerikanische Gemeinde angesiedelt. ◎ *Karte S1*

Pasir Ris
Dank der Lage am Meer bietet die moderne New Town Strände und Strandparks, Wassersport und Familienaktivitäten sowie offene Hawker Centers und Straßenlokale. ◎ *Karte U1/U2*

 Alle Vororte sind mit öffentlichen Verkehrsmitteln gut und schnell zu erreichen.

Freiluftplätze im UDMC Food Centre

Preiskategorien
Für ein Drei-Gänge-Menü pro Person mit einem alkoholfreien Getränk, inklusive Steuern und Service.

$	unter 20 S$
$$	20–30 S$
$$$	30–50 S$
$$$$	50–70 S$
$$$$$	über 70 S$

TOP 10 Restaurants

Stadtteile – Abstecher

1 UDMC Food Centre
Genießen Sie frisches Seafood im luftigen Uferambiente der verschiedenen Freiluftrestaurants. ◊ *Karte U3 • 1202 East Coast Parkway • tägl. 11–24 Uhr • $$$*

2 Long Beach Seafood
Das Lokal ist berühmt für Sri-Lanka-Krabben in Pfeffersauce, serviert aber auch exzellente Fleischgerichte. ◊ *Karte U3 • 1018 East Coast Parkway • 6445-8833 • Mo–Fr 11–15 & 17–0.15 Uhr, Sa & Feiertage 13–1 Uhr, So 11–24 Uhr • $$$*

3 Samy's Curry Restaurant
Dieser indische Coffeeshop liegt in einer offenen Halle inmitten von Bäumen. Spezialität ist hier Chicken Masala. ◊ *Karte S3 • 25 Dempsey Rd. • 6472-2080 • tägl. 11.30–15 & 18–22 Uhr • $*

4 Original Sin
Feine Weine ergänzen die leichten vegetarischen, mediterranen Gerichte aus frischen Zutaten und Kräutern. ◊ *Karte S3 • 43 Jalan Merah Saga • 6475-5605 • Di–Sa 11.30–14.30 & 18–22.30 Uhr, So 18–22 Uhr • $$$*

5 Siem Reap I
Das schicke Café zieren Nachbildungen kambodschanischer Tempelfriese und Buddha-Figuren. Die Küche ist auf Speisen aus Vietnam, Laos und Kambodscha spezialisiert. Von 15 bis 18 Uhr gibt es feine Cocktails. ◊ *Karte S3 • 44 Lorong Mambong • 6468-5798 • tägl. 13–1 Uhr • $$$*

6 Halia
Das Haus aus Glas und Stroh ist von üppigem Grün umgeben. Auf der Speisekarte stehen vorwiegend westliche Gerichte mit einheimischem Touch. ◊ *Karte S2 • 1 Cluny Rd. • 6476-6711 • Mo–Fr 14–23 Uhr, Sa & So 9–23 Uhr • $$$$*

7 Imperial Herbal
Nach einer kurzen Visite des chinesischen Arztes wird dafür gesorgt, dass Gäste die richtigen Kräuter in ihrem Essen haben. ◊ *Karte S3 • VivoCity (03–08), 1 Harbourfront Walk • 6337-0491 • tägl. 11.30–14.15 & 18.15–22.15 Uhr • $$$$*

8 Bistro Petit Salut
Als Top-Adresse für französische Küche bereitet dieses Restaurant authentische Klassiker zu. Es verfügt über einen eleganten Speisesaal und eine Terrasse, auf der die hier lebenden Ausländer gern sitzen. ◊ *Karte S3 • 44 Jalan Merah Saga • 6475-1976 • Mo–Sa 11.30–14.30 & 18.30–22.30 Uhr • $$$$*

9 Chilli Padi
Das preisgekrönte Lokal bietet mit seiner Auswahl an Peranakan-Gerichten die einzigartige Küche der Straits-Chinesen. ◊ *Karte T2 • 11 Joo Chiat Pl. • 6275-1002 • tägl. 11–14.30 & 17.30–22 Uhr • $$$*

10 Vansh
In diesem Lokal am Kallang River genießen Sie feine nordindische Küche unter Sternen. ◊ *Karte T3 • 2 Stadium Walk • 6345-4466 • tägl. 12–14.30 & 18–22 Uhr • $$$$*

➔ *Wenn nicht anders angegeben, akzeptieren alle Restaurants Kreditkarten und bieten auch vegetarische Gerichte an.*

REISE-INFOS

Reisevorbereitung
104

Anreise
105

In Singapur
unterwegs
106

Information
107

Singapur
für wenig Geld
108

Geld &
Kommunikation
109

Sicherheit &
Gesundheit
110

Touren
111

Vorsicht!
112

Hotel- &
Restaurant-Tipps
113

Hotels
114–119

TOP 10 SINGAPUR

Links **Singapur-Dollar** Mitte **Wichtige Utensilien für Besucher** Rechts **Stecker**

TOP 10 Reisevorbereitung

1 Reisezeit
In Singapur herrscht das ganze Jahr warmes Klima mit Durchschnittstemperaturen von 24 bis 31 Grad. Die Luftfeuchtigkeit beträgt etwa 85 Prozent. Regenreichste Zeit ist von November bis Januar, trockenste im Juni und Juli. Hauptreisezeit ist von Dezember bis zum chinesischen Neujahr im Januar oder Februar.

2 Einreise
Für die Einreise nach Singapur benötigen Sie einen noch mindestens sechs Monate gültigen Reisepass, ausreichende Geldmittel für den Aufenthalt und Nachweise über die Weiterreise. Europäer benötigen kein Visum. Sie erhalten bei der Einreise einen Besucherpass, der 30 Tage gültig ist. Schwangere Frauen ab dem sechsten Monat müssen diesen vorab bei der Botschaft oder der Immigrations & Checkpoints Authority beantragen. ✆ ICA: 6391-6100; www.ica.gov.sg

3 Gesundheitsvorsorge
Obwohl in Singapur keine Impfpflicht besteht, empfiehlt sich ein wirksamer Impfschutz gegen Hepatitis A & B, Diphtherie, Tetanus und Typhus. Falls Sie Schlaftabletten, Stimulanzien oder Antidepressiva mitführen, sollten Sie aufgrund der strengen Einfuhrbestimmungen dafür ein Rezept vorweisen können.

4 Zoll
Besucher dürfen je einen Liter Wein, Bier und Spirituosen zollfrei nach Singapur einführen, aber keine Zigaretten. Bei der Einreise von Malaysia aus oder nach weniger als 48 Stunden Aufenthalt außerhalb Singapurs dürfen überhaupt keine zollfreien Waren eingeführt werden. Feuerwerkskörper, raubkopierte CDs bzw. DVDs und Kaugummi sind generell verboten. Vorsicht: Bei Drogendelikten droht auch ausländischen Besuchern die Todesstrafe.

5 Reisegepäck
Packen Sie leichte Sommerkleidung ein. Die Einheimischen kleiden sich in der Regel westlich leger. Kurze Hosen oder Sandalen sind in einigen Restaurants nicht gern gesehen. Für klimatisierte Räume sollte man auch Jacke oder Schal dabeihaben. Ein Schirm schützt vor Regen und Sonne.

6 Zeit
Singapur ist der mitteleuropäischen Zeit sieben Stunden voraus, sechs Stunden während der europäischen Sommerzeit. Die Sonne geht rund ums Jahr gegen sieben Uhr auf und gegen 19 Uhr unter.

7 Strom
Die Stromspannung im Land beträgt 220–240 Volt bei 50 Hertz. Steckdosen sind dreipolig. Hotels verleihen Adapter, der Kauf ist jedoch auch nicht teuer.

8 Sprachen
Singapur verfügt über vier offizielle Landessprachen: Englisch, Mandarinchinesisch, Malaiisch und Tamilisch. Englisch ist im Alltag am gebräuchlichsten und auch Pflichtfach an allen Schulen. Viele Bewohner Singapurs sprechen allerdings »Singlish«, eine mit Slangwörtern durchsetzte Mischung aus Englisch, Malaiisch und Chinesisch *(siehe S. 33)*. Schilder und Hinweistafeln sind in englischer Sprache beschriftet.

9 Währung
Der Singapur-Dollar (SGD oder S$) unterteilt sich in 100 Cents. Banknoten gibt es im Wert von 2, 5, 10, 20, 50, 100, 500, 1000 und 10000 S$, Münzen zu 1, 5, 10, 20 und 50 Cent sowie eine Ein-Dollar-Münze. Auch der Brunei-Dollar ist in Singapur gültiges Zahlungsmittel. Manche Läden akzeptieren zwar auch US-Dollar, doch in der Regel benötigt man überall die Landeswährung.

10 Führerschein
Wer in Singapur Auto fahren möchte, braucht dafür entweder einen internationalen Führerschein oder eine gültige Fahrerlaubnis aus seinem Heimatland inklusive einer beglaubigten englischen Übersetzung der Unterlagen. Achtung: In Singapur herrscht Linksverkehr! ✆ www.driving-in-singapore.spf.gov.sg

104 *Vorhergehende Doppelseite* **Auswahl an traditionellen Textilien**

Links **Flugzeuge am Flughafen Changi** Rechts **Flugreservierung im Reisebüro**

TOP 10 Anreise

1. Direktflüge
Der Flughafen Changi ist sehr groß und wird von mehr als 80 Fluggesellschaften angesteuert. Entsprechend vielfältig sind die Preise. Direktflüge nach Singapur gibt es von Frankfurt, München und Zürich aus.

2. Zwischenlandung
Die Niederlassungen des Singapore Visitors Centre befinden sich in den Ankunftsterminals. Sie sind auf die Bedürfnisse von Durchreisenden zugeschnitten. Neben Ruhezonen befinden sich dort Transithotels, Spas und in Terminal 1 sogar ein Dachterrassen-Schwimmbad. Für Passagiere mit mehr als fünf Stunden Aufenthalt werden kostenlose Führungen auf Englisch angeboten.

3. Flugbuchung
Oft gibt es die besten Angebote im Internet. Viele Fluggesellschaften bieten auf ihren Websites günstige Online-Tarife. Internet-Anbieter wie Kayak und Travelocity schicken E-Mail-Newsletter zu Tiefpreisangeboten. Früh- oder Last-Minute-Buchungen sind meist besonders günstig. ⓢ www.kayak.com; www.travelocity.com

4. Regionale Billigflieger
Auch Singapur profitiert natürlich von der weltweiten Ausbreitung von Billigfluglinien. Anbieter wie Tiger Airways, JetStar und Air Asia bieten Flüge in die asiatische Pazifikregion. Da der Wettbewerb auch die Preise herkömmlicher Anbieter drückt, sollte man auch deren Angebote ausgiebig studieren. ⓢ www.tigerairways.com; www.jetstar.com; www.airasia.com

5. Changi International Airport
Spätestens seit Eröffnung des Terminal 3 im Jahr 2008 gilt der Changi Airport als der beste Flughafen der Welt. Viele Fluggäste checken extra früh ein, um Zeit für die Angebote vor Ort zu haben. Die Terminals sind sauber und effektiv. Das Visitors Centre hilft mit Informationen und bei Reservierungen.
ⓢ Karte V2 • 6542-1122 • www.changiairport.com

6. Mit der Bahn
Es gibt zwei Bahnlinien, die Malaysia und Singapur verbinden. Die Züge beider Linien fahren den Bahnhof Tanjong Pagar an. Die tägliche Route von Johor Bahru und Kuala Lumpur übernimmt Malaysias Keretapi Tanah Malayu (KTMB). Die Fahrt ist lang, aber komfortabel und zuverlässig. Der opulente Orient-Express verkehrt einmal wöchentlich zwischen Bangkok und Singapur und hält sowohl in Penang als auch in Kuala Lumpur.
ⓢ KTMB: 6222-5165; www.ktmb.com.my; Orient-Express: 6392-3500; www.orient-express.com

7. Mit dem Auto
Wer mit einem Auto nach Singapur fährt, benötigt Autopass & Vehicle Entry Certificate, erhältlich an Immigration-Häuschen.

8. Weiterreise mit dem Auto
Mietwagen aus Singapur benötigen für Malaysia eine Zusatzversicherung und einen drei viertel vollen Tank. Lizensierte Taxis nach Malaysia warten am Stand in der Queen Street oder sind telefonisch unter 6293-5546 erreichbar. Sie fahren nur bis zum Checkpoint, dort warten malaysische Taxis.

9. Weiterreise mit dem Bus
Abstecher in das malaysische Johor Bahru macht der SBS-Bus 170 von Queen Street oder der SMRT 950 ab Woodlands Interchange nahe der MRT-Station Woodlands (siehe S. 106). Am Checkpoint steigt man um. Halten Sie Ihr Ticket dafür bereit.
ⓢ www.plusliner.com

10. Weiterreise mit dem Schiff
Die Inseln nahe Singapur erreicht man mit Fähren. Nach Kusu und St Johns geht es vom Marina South Pier, wo auch Mietboote für Fahrten zu den Sisters' Islands und Pulau Hantu warten. Die indonesischen Inseln Batam und Bintan erreicht man vom Fährhafen Tanah Merah oder vom Singapur Cruise Centre aus.

Nützliche Informationen zur Anreise bietet auch das Singapore Tourism Board www.visitsingapore.de

Reise-Infos

Links **MRT-Zug** Mitte **EZ-Link-Card** Rechts **Regionaler Transitbus**

TOP 10 In Singapur unterwegs

1 Von Changi in die Stadt
Am einfachsten gelangt man vom Flughafen Changi mit dem Mass Rapid Transit (MRT), einem Taxi oder dem Flughafenbus in die Stadt. Letzterer fährt die großen Hotels an. Ab zwei Personen lohnt sich bereits ein Taxi. Es ist das schnellste Transportmittel in die Stadt. Taxistände gibt es an allen großen Terminals.

2 MRT
Der effiziente und preisgünstige Mass Rapid Transit (MRT) betreibt drei Linien. Sie verkehren von sechs Uhr bis Mitternacht. Die Nord-Süd-Linie verläuft von Jurong East bis Marina Bay, die Ost-West-Linie verbindet Pasir Ris und Changi Airport mit Boon Lay, die Nord-Ost-Linie verkehrt zwischen Punggol und HarbourFront.

3 Taxis
Taxis sind in der Regel recht günstig, wobei das komplexe Tarifsystem zu den Stoßzeiten und diverse Zusatzkosten den Fahrpreis stark erhöhen können. Bei Unwetter und im Berufsverkehr sollte man Taxis besser meiden. Im Stadtzentrum kann man gut am Taxistand warten, eine telefonische Bestellung ist gebührenpflichtig.

4 EZ Link Card
Diese Prepaid-Karten eignen sich hervorragend für die Benutzung des umfassenden öffentlichen Verkehrsnetzes. Man erhält sie an jeder MRT-Station und kann sie dort auch wieder zurückgeben. Sie gelten in MRT, LRT (S-Bahn) und Bussen. Ein, zwei oder drei Tage gültige Singapur-Touristenpässe gibt es am Flughafen Changi, an den MRT-Stationen und unter www.thesingaporetouristpass.com

5 Busse
Singapur hat ein ausgedehntes Busnetz. Die Fahrpreise variieren je nach Strecke und Komfort des Busses. Das Streckennetz ist für Besucher nicht so übersichtlich wie das des MRT. Eine gute Hilfestellung bietet jedoch der Online-Routenplaner von Transitlink.

6 SIA Hop-on Bus
Der von Singapore Airlines betriebende klimatisierte Bus bedient mehr als 20 Stationen, darunter Chinatown, Orchard Road, Little India und Sentosa. Für Fahrgäste, die mit Silk Air oder Singapore Airlines angereist sind, reduziert sich der reguläre Fahrpreis von 12 S$ am Tag auf 3 S$.

7 Zu Fuß gehen
Spaziergänge sollte man sorgfältig planen. Bei der Hitze und hohen Luftfeuchtigkeit in Singapur kann schon ein kurzer Fußmarsch sehr anstrengend werden. Gönnen Sie sich hie und da eine Rast und sorgen Sie dafür, dass Sie genügend Flüssigkeit aufnehmen.

8 Mietwagen
Mehrere große Autovermietungen sind in Singapur vertreten. Für alle, die einen internationalen oder englischsprachigen Führerschein besitzen, ist das Prozedere einfach. Das ortsübliche zu dichte Auffahren und häufige Spurwechseln ist allerdings etwas enervierend.

9 Chauffeurdienste
Autos und Minibusse mit Fahrer kann man über viele Hotels, Autovermietungen und am Flughafen Changi buchen. Die Preise variieren nach Strecke und Personenzahl, sind aber überraschend günstig.

10 Fahrradfahren
Räder sind ideal für die ebenen Wege im East Coast Park oder die Erkundung einiger Nationalparks *(siehe S. 51)*. Den Straßenverkehr sollte man jedoch besser meiden.

Verkehrsmittel

MRT
- www.smrt.com.sg

Taxis
- Comfort Citicab: 6552-1111
- Premier/Silvercab: 6363-6888

Busse
- www.transitlink.com.sg
- www.siahopon.asiaone.com.sg

Mietwagen
- www.avis.com.sg
- www.hertz.com

Achtung: In den Stoßzeiten sollte man nicht Taxi fahren, sondern auf den zuverlässigen öffentlichen Nahverkehr umsteigen.

Links **Lokalzeitungen** Mitte **Information am Flughafen Changi** Rechts **Stadtplan**

TOP10 Information

Reise-Infos

1 Singapore Tourism Board
Das Singapore Tourism Board bietet umfassende Beratung für Besucher. Es betreibt die Singapore Visitors Centres und unterhält auch Filialen im Ausland.
◉ *Singapore Tourism Board: Hochstraße 35–37, 60311 Frankfurt am Main; (069) 920 7700; www.visitsingapore.de*

2 Websites
Die Website des Singapore Tourism Board *(siehe oben)* steckt voller Informationen und Tipps in mehreren Sprachen. Hilfreich sind aber auch die Seiten www.singapur-tourism.de, www.singapur-guide.de, www.touristiklinks.de/stadt/singapur/ und, in englischer Sprache, www.newasia-singapore.com.

3 Singapore Visitors Center
Die Besucherzentren des Singapore Tourism Board finden sich am Flughafen Changi und zentral in der Orchard Road. Die gut ausgebildeten Mitarbeiter bieten nützliche Informationen und geben hilfreiche Tipps. Zudem gibt es eine Service-Hotline, die innerhalb Singapurs sogar kostenlos zur Verfügung steht.
◉ *SVC @ Orchard Road: Ecke Cairnhill Rd. (Karte C5), tägl. 9.30–22.30 Uhr; SVC @ Changi: Changi Airport, Terminal 1, 2 & 3, Ankunftshallen, tägl. 6–2 Uhr*
◉ *Hotline: 1800-736-2000 (gratis), aus dem Ausland (65) 6736-2000*

4 Lokalzeitungen
Die einheimische Tageszeitung heißt *Straits Times* und bringt internationale Nachrichten aus asiatischer Sicht. Wer wissen möchte, was die einfachen Leute in Singapur bewegt, kann einen Blick in die kostenlosen Boulevardblätter *Today* und *My Paper* werfen.

5 Zeitschriften
Das 14-tägliche Magazin *Time Out Singapur* ist an Zeitungskiosken sowie in Buchläden und großen Supermärkten erhältlich. Es bietet eine gute Übersicht über Veranstaltungen in ganz Singapur, der Fokus liegt auf Kunst und Musik. Auch der in den Besucherzentren erhältliche monatliche Newsletter des Singapore Tourism Board gibt nützliche Tipps zu Veranstaltungen.

6 TV und Radio
Singapur hat zwei englischsprachige Fernsehkanäle: Channel News Asia bietet Dauernachrichten im Stil von CNN, Channel 5 setzt auf Lifestyle-Sendungen und Spielfilme aus den USA. Die englischsprachigen Radiosender spielen vorwiegend westlichen Pop. In Hotels sind über Kabel internationale Kanäle wie Star World, CNBC Live, HBO und Discovery zu empfangen.

7 Stadtpläne
In Besucherzentren, Hotels und an manchen Sehenswürdigkeiten liegen kostenlose Stadtpläne aus. Da man sich in der Stadt leicht zurechtfindet, sind unhandliche Straßenverzeichnisse nicht nötig.

8 Behinderte Reisende
Auch wenn Singapur sich bemüht, die Stadt auch behinderten Besuchern mehr und mehr zu öffnen, werden Rollstuhlfahrer wegen fehlender Rampen vielerorts Hilfe benötigen. Die MRT-Stationen sind mit Aufzügen und oftmals mit Blindenschrift und Bodenreliefs ausgestattet. Große Taxiunternehmen bieten rollstuhltaugliche Wagen.

9 Schwule & lesbische Besucher
Offiziell ist Homosexualität in Singapur nach wie vor illegal. Daran konnte auch ein 2008 unternommener Versuch, das Verbot aufzuheben, nichts ändern. Zur Strafverfolgung kommt es allerdings sehr selten. Dennoch hat Singapur eine wachsende, wenn auch sehr diskrete Schwulenszene. Nahe der Tanjong Pagar Road befinden sich zahlreiche Schwulenbars.

10 Zensur
Die Regierung von Singapur betrachtet die einheimischen Medien als Partner in nationalen Belangen. Entsprechen übt die Presse weitgehend Selbstzensur. Offene politische Aktivitäten gibt es kaum. Ausländer sind in Singapur so gut wie gar nicht politisch aktiv.

➤ *Nützliche Informationen für Ausländer bietet – aus erster Hand – www.expatsingapore.com*

107

Links **Essen im Hawker Center** Mitte **Bukit-Timah-Reservat** Rechts **Chinesische Souvenirs**

TOP 10 Singapur für wenig Geld

1. Günstige Flüge
Diverse Billigflieger steuern die Region an, aber auch etablierte Linien bieten mitunter Schnäppchen. Wer von Singapur aus weiter umherfliegen will, sollte bei Fluglinien wie Tiger Airways (innerhalb Asiens), Cebu Pacific (zu den Philippinen), Bangkok Airways (nach Koh Samui, Thailand) und JetStar (Südostasien und Indien) nach Angeboten suchen.
 www.tigerairways.com; www.cebupacificair.com; www.bangkokair.com; www.jetstar.com

2. Verkehrsmittel
Wer mit Singapore Airlines fliegt, kann den SIA Hop-on Bus verbilligt nutzen. Er hält an den 20 beliebtesten Besucherzielen. Für Busse und MRT gibt es den Singapore Tourist Pass, ein Tages- (18 S$) bzw. Mehrtagesticket, das im gesamten Netz gültig ist *(siehe S. 106)*.

3. Günstig essen
Singapurs Hawker Centers und Food Courts *(siehe S. 56f)* bieten eine große Vielfalt preisgünstiger, aber eher regionaler und internationaler Gerichte. Eine Mahlzeit inklusive Getränk gibt es bereits ab 5 S$, außerhalb des Stadtzentrums bezahlt man sogar noch weniger.

4. Günstig ausgehen
Die meisten Bars und Kneipen veranstalten tägliche Happy Hours, die von nachmittags bis in den frühen Abend reichen können. Solche Angebote umfassen vergünstigtes Bier oder auch zwei Getränke zum Preis von einem, Hochprozentiges ist darin allerdings selten enthalten. Manche Nachtclubs bieten Ladies' Nights, in denen Frauen den ganzen Abend kostenlose Getränke erhalten.

5. Parks & Gärten
Das National Parks Board gewährt nicht nur freien Eintritt in fast alle Parks und Gärten, es bietet an einzelnen Wochenenden auch kostenlose Führungen an, etwa im Fort Canning Park und im Bukit Timah Nature Reserve. *www.nparks.gov.sg*

6. Museen & Sammlungen
In vom National Heritage Board betriebenen Museen wie dem National Museum of Singapore und dem Asian Civilisations Museum ist freitagabends (19–21 Uhr) und an manchen Feiertagen freier Eintritt. *www.nhb.gov.sg*

7. Kostenlose Veranstaltungen
Neben religiösen Feiern und Kulturfestivals veranstaltet die Stadt auch andere kostenlose Events wie Straßenmusik, Live-Konzerte, Vorträge in Museen, Filmvorführungen und Rahmenprogramme für Festivals und Ausstellungen.
 www.visitsingapore.de

8. Stadttouren
Hippo Tours bietet für Besucher den sogenannten Singapur-Sightseeing-Pass. Er gilt zwei Tage, kostet 33 S$ (für Kinder 17 S$) und erlaubt unbegrenzten Zugang zum offenen Hippo-Tourbus, der an vielen bedeutenden Sehenswürdigkeiten in der ganzen Stadt hält. Es gibt insgesamt fünf thematisch unterschiedliche Stadtrundfahrten. Dieser Bus ist die günstigste Art, durch Singapur zu touren.
 www.ducktours.com.sg

9. Günstig übernachten
Sie sind zwar etwas teurer als ihre südostasiatischen Artgenossen, dafür bieten Singapurs Billighotels und Jugendherbergen ihren Gästen hervorragende Sicherheit und sind mit so manchen Extras ausgestattet. Dazu gehören z. B. Lounges, Reisebibliotheken, Internet-Anschluss, Telefondienste und Wäscheservice.

10. Schnäppchen
Nirgendwo bekommt man Souvenirs, T-Shirts, diversen Schnick-Schnack, sogar Stewardess-Uniformen der Singapore Airlines u. v. m. günstiger als im durchgehend geöffneten Mustafa Centre *(siehe S. 76)*. Die Preise sind fest und liegen allesamt weit unter denen der Läden im Zentrum. Noch billiger wird es nur während des Great Singapore Sale im Juni und Juli.

 Preiswerte Unterkünfte in Singapur **siehe S. 119**

Links **Kiosk mit Telefonkarten** Mitte **Geldautomat** Rechts **Nutzerin im Internet-Café**

TOP 10 Geld & Kommunikation

Reise-Infos

Banken, Geldautomaten & Kreditkarten
Die meisten großen internationalen Banken haben Filialen in Singapur mit den dort üblichen Geschäftszeiten: Mo – Fr 10 – 15 Uhr & Sa 9.30 – 13 Uhr. Geldautomaten (ATM) des Cirrus- oder PLUS-Netzes gibt es in Einkaufszentren und an MRT-Stationen. Die gängigen Kreditkarten wie Visa, American Express, Diners Club und MasterCard werden meist akzeptiert, kleinere Läden berechnen dafür eine Gebühr.

Geldwechsel & Überweisungen
Sie können in jedem Hotel und jeder Bank Geld wechseln. Den besten Kurs bieten zugelassene Wechselstuben in Einkaufszentren. Banküberweisungen per Western Union sind in jeder SingPost-Filiale möglich. ❧ www.singpost.com

GST Refund
In Singapur beträgt die Mehrwertsteuer (GST) auf Waren und Dienstleistungen sieben Prozent. Bei Einkäufen ab 100 S$ in Läden mit dem Tax-Free-Logo kann man sich diese zurückerstatten lassen. Verlangen Sie beim Kauf das GST-Refund-Formular und legen Sie es bei der Ausreise zusammen mit Ware und Kassenbeleg am Zoll vor. Sie erhalten einen Gutschein, den Sie sofort an einem Kiosk in Bargeld tauschen können.
❧ www.customs.gov.sg

Post
SingPost bietet an vielen Standorten zuverlässigen Postversand, etwa in Ngee Ann City und Lucky Plaza in der Orchard Road und Suntec City in der Temasek Avenue – mit unterschiedlichen Öffnungszeiten. Briefe nach Europa kosten 1,10 S$, Postkarten 50 Cents. Postlagerndes geht an die Filiale Eunos außerhalb des Zentrums.

Öffentliche Telefone
Münz- und Kartentelefone finden Sie in Einkaufszentren und MRT-Stationen. Ortsgespräche bis zu drei Minuten kosten dort zehn Cents. Viele Telefonzellen akzeptieren auch Kreditkarten. Telefonkarten erhalten Sie bei SingPost oder in 7-Eleven-Filialen.

Telefonnummern
Singapurs Landesvorwahl lautet 0065, es gibt keine Ortsvorwahlen. Die achtstelligen Rufnummern beginnen mit der Ziffer 6, Handynummern mit den Ziffern 8 oder 9. Internationale Gespräche aus Singapur beginnen mit 001, für Deutschland müssen Sie also die 00149 vorwählen.

Mobiltelefone
Singapur betreibt zwei Mobilfunknetze, GSM900 und GSM1800. SingTel, M1 und StarHub sind die drei Anbieter des Landes.

Internet-Cafés
Große internationale Hotels bieten Internet im Zimmer, viele sogar kabellos. In den Cafés der Stadt gibt es meist einen WiFi-Hotspot. In Einkaufsgegenden befinden sich zahlreiche Internet-Cafés.

Business Centers
Die meisten großen Hotels haben gut ausgestattete Business-Center. Kleinere und billigere Hotels bieten Fax, Kopierer u. Ä. an der Rezeption.

Feiertage
Singapurs zehn gesetzliche Feiertage sind: Neujahr (1. Jan), Chinesisches Neujahr (zwei Tage im Jan/Feb), Karfreitag (März/Apr), Tag der Arbeit (1. Mai), Vesak Day (meist im Mai), Nationalfeiertag (9. Aug), Deepavali (meist im Okt/Nov), Hari Raya Haji (Nov) und Weihnachten (25. Dez). Viele religiöse Feiertage richten sich nach dem Mondkalender und haben deshalb kein festes Datum.

Kreditkartenverlust

Allgemeiner Notruf
- 00149 116 116
- www.116116.eu

American Express
- 6880 1900

Diners Club
- 6416-0905 o. 6292-7055

MasterCard
- 800-1100-113

Visa
- 800-110-0344

Maestro-/EC-Karte
- 00149 069 74 09 87

➤ *Auch die bekannten internationalen Kurierdienste DHL, FedEx und UPS sind in Singapur vertreten.*

Links **Stadtpolizist** Mitte **Apothekenschild** Rechts **Trinkwasser in Flaschen**

Sicherheit & Gesundheit

Notrufnummern
In Singapur sind Notrufe von öffentlichen Telefonen kostenlos. Wählen Sie 999 für die Polizei und 995 für die Feuerwehr oder Ambulanzen.

Polizei
Singapur ist eine sehr sichere Stadt. Eine effektive Polizei sorgt streng für die Einhaltung der Gesetze. Auch kleine Ordnungswidrigkeiten sind mit Bußgeld belegt. Nicht immer wird Ausländern, die mit dem Gesetz in Konflikt geraten sind, automatisch ein Rechtsbeistand ihres zuständigen Konsulates gewährt.

Diebstahl
Trotz der äußerst geringen Kriminalitätsrate kommt es auch in Singapur zu Diebstählen. Achten Sie auf Ihre Wertsachen, vor allem im Gedränge, wie es auf den Märkten in Chinatown oder der Bugis Street herrscht. Die meisten Hotelzimmer haben Safes. Wertsachen können aber auch im Hauptsafe des Hotels deponiert werden. Pass, Flugticket und Kreditkarten sind dort sicher untergebracht. Eine Kopie des Passes genügt, um sich auszuweisen.

Krankenhäuser
Singapurs Gesundheitswesen gilt als eines der besten der Welt. Zentrale Krankenhäuser sind Mount Elizabeth, Gleneagles und Singapur General (siehe Kasten).

Ansteckende Krankheiten
In den letzten Jahren sorgten Krankheiten wie SARS und Vogelgrippe für Schlagzeilen. 2003 wurde Singapurs Kampf gegen SARS sehr gewürdigt. Wegen des Vogelgrippe-Virus kontrollieren die Regierungsbehörden Geflügelimporte.

Von Mücken übertragene Krankheiten
Singapur ist seit Jahrzehnten frei von Malaria. Ein Problem sind aber andere von Mücken übertragene Krankheiten wie Dengue- und Chikungunyafieber, weshalb Insektenschutz dringend zu empfehlen ist.

Apotheken
In vielen Einkaufszentren der Stadt gibt es Filialen der Apothekenkette Guardian & Watsons. Da Rezepte aus dem Ausland hier aber nicht anerkannt werden, sollten Sie benötigte Medikamente mitführen. ✆ www.guardian.com.sg; www.watsons.com.sg

Trinkwasser & Lebensmittel
Das Leitungswasser ist in Singapur trinkbar, wer jedoch abgefülltes Wasser bevorzugt, erhält dies in Lebensmittelläden, Cafés und Restaurants. Auch das Essen an Imbissständen ist unbedenklich. Die Einhaltung der strengen Hygienestandards wird laufend überwacht – wer diese nicht erfüllt, muss sofort schließen.

Alleinreisende Frauen
Viele Geschäftsfrauen reisen in Singapur allein. Die Zahl an Gewalttaten gegenüber Frauen ist gering.

Botschaften
Bei Schwierigkeiten oder Konflikten mit dem Gesetz sollten Sie umgehend Ihre zuständige Botschaft kontaktieren.

Botschaften

Deutschland:
*Singapore Land Tower
50 Raffles Place,
(Karte M4)*
• 6533-6002

Österreich:
*600 North Bridge Road
(Karte G5)*
• 6396-6350

Schweiz:
*1 Swiss Club Link
(Karte S2)*
• 6468-5788

Notrufnummern & Krankenhäuser

Polizei: 999

Feuerwehr & Ambulanz: 995

Gleneagles Hospital:
Napier Road (Karte S3)
• 6473-7222

Mount Elizabeth Hospital:
*3 Mount Elizabeth
(Karte B4/C4)*
• 6731-2218

Singapore General Hospital:
Outram Road (Karte J5)
• 6321-4311

 Mögliche Gefahren für Ihre Gesundheit sind Hitze und Dehydrierung, aber auch die starken Klimaanlagen **siehe S. 112**

Links **Rikscha-Fahrten** Rechts **DUCKtours**

TOP 10 Touren

Reise-Infos

1 Rikscha-Touren
Stadtrundfahrten mit der Fahrradrikscha geben Ihnen Gelegenheit, Sehenswürdigkeiten ganz entspannt zu bestaunen.
⊗ *Singapore Explorer, Chinatown Trishaw Park* • 6339-6833 • tägl. 10–22 Uhr • www.singaporeexplorer.com.sg

2 Stadtführungen
Kenntnisreiche Führer machen Touren durch die ethnischen Viertel und liefern dabei Details zu Sitten und Gebräuchen, Geschichte und Tradition sowie zu bedeutenden Sehenswürdigkeiten. Täglich (außer sonn- und feiertags) ist eine andere Führung geboten. Reservieren ist dafür nicht nötig – man geht einfach hin und zahlt den Führer für seine Tour. ⊗ www.singaporewalks.com

3 Singapur-Flussfahrten
Einige Unternehmen bieten Fahrten auf dem Singapore River in einem altmodischen »Bumboat« an. Solche Boote be- und entluden einst die in der Bucht vertäuten Schiffe. Die Fahrt geht an Robertson Quay, Clarke Quay und Boat Quay vorbei in die Marina Bay, die schöne Blicke auf die Silhouette der Stadt erlaubt. Der Kommentar kommt vom Band. Einstieg ist am Merlion Park, an der Raffles Landing Site and an weiteren Haltestellen der Route.
⊗ 6336-6111 • www.rivercruise.com.sg

4 DUCKtours
Dieses ungewöhnliche Amphibienfahrzeug bietet eine ganz besondere Tour. Sie führt vom Land ins Meer und wieder zurück und kombiniert damit Bus- und Bootstour.
⊗ *Suntec Galleria* • 6338-6877 • tägl. 9–18.30 Uhr • www.ducktours.com.sg

5 Peranakan-Tour
Der Anbieter *Times World* veranstaltet einen Ausflug nach Katong. Der Ort an Singapurs Ostküste beheimatete Anfang des 19. Jahrhunderts eine große Peranakan-Gemeinde. Die Tour bietet eine Einführung in Architektur, Trachten und Kochkunst dieses Volkes sowie einen Einkaufsbummel und eine Verkostung. Als Mindestteilnehmerzahl sind sechs Personen vorgesehen.
⊗ *Times World, 545 Orchard Rd.* • 6738-5505 • www.timesworld.com.sg

6 Geister-Touren
Die einheimischen Geisterjäger *Singapur Paranormal Investigators* veranstalten zwei wahrhaft gruslige Führungen durch die gespenstischsten Gegenden von Singapur. Sie sind für Kleinkinder nicht zu empfehlen.
⊗ www.spi.com.sg

7 Kernland-Tour
Tour East bringt Besucher an die Ostküste und nach Changi. Beides sind Satellitenstädte, die rund um staatliche Wohnungsbauten entstanden sind. Die Tour bietet interessante Einblicke in das Leben der Singapurer.
⊗ *Tour East, 15 Cairnhill Rd.* • 6738-2622 • www.singaporetours.com.sg

8 Tour zu den Stätten des Zweiten Weltkriegs
Der Veranstalter *Hello Singapore* organisiert halbtägige Ausflüge zu den Kriegsschauplätzen der Insel: Schlachtfelder, Orte der Kapitulation und ehemalige Kriegsgefangenenlager.
⊗ *Hello Singapore, Meridien Shopping Centre (02–17), 100 Orchard Rd.* • 6732-4188 • www.luxury.com.sg

9 Dschunkenfahrten
Water Tours bietet Fahrten in einer nachgebauten chinesischen Dschunke. Ähnliche Schiffe gab es im 15. Jahrhundert unter Admiral Zheng He oder Cheng Ho. Er befehligte die berühmte chinesische Flotte. Täglich vier Touren inklusive Frühstück, Mittagessen, Tee oder Abendessen. ⊗ *Water Tours, 1 Maritime Square, Harbourfront Centre* • 6533-9811 • www.watertours.com.sg

10 Gewürz-Tour
Die Kochakademie *At-sunrice* bietet eine einzigartige Tour durch einen alten Kräutergarten. Dabei wird u. a. vorgeführt, wie man asiatische Currypaste zubereitet. ⊗ *At-sunrice, Fort Canning Park, Fort Canning Centre* • 6336-9353 • www.at-sunrice.com

---

 Das National Parks Board bietet an manchen Wochenenden kostenlose Führungen durch einige der Nationalparks **siehe S. 108**

111

Reise-Infos

Links **Regen in Singapur** Mitte **Verbotsschilder** Rechts **Schlangestehen am Taxistand**

Vorsicht!

1 Überhitzung
Wer möglichst viel von seinem Singapur-Aufenthalt haben möchte, der sollte ihn ruhig angehen. Wählen Sie kühle, legere Kleidung. Dennoch wird die feuchte Hitze an ihren Kräften zehren.

2 Dehydrieren
Da man hier ständig schwitzt, ist die Gefahr einer Dehydrierung groß. Sie müssen regelmäßig trinken und sollten immer eine Flasche Wasser dabeihaben. Die gibt es in Lebensmittelläden, Food Courts und Cafés.

3 Regengüsse
In den Tropen kann es urplötzlich wie aus Eimern schütten. Nicht umsonst tragen die Einheimischen immer einen Regenschirm bei sich. Diese dienen auch als Sonnenschutz, besonders die kompakten, mit Reflektorfolie beschichteten Modelle. Sie schützen vor Sonnenbrand und vor der Hitze.

4 Kälte
Die Klimaanlagen von Einkaufszentren, Bürogebäuden und Kinos kühlen meist sehr stark. Um sich nicht zu erkälten, sollten Sie stets eine leichte Jacke, ein Schultertuch oder ein langärmliges Shirt parat haben.

5 Taxifahren im Berufsverkehr
Die öffentlichen Verkehrsmittel sind zuverlässig und peisgünstig. Wer allerdings im Berufsverkehr oder während eines Regengusses ein Taxi braucht, muss zuweilen bis zu 40 Minuten Schlange stehen. Auch kurz vor Mitternacht ist die Nachfrage nach Taxis groß, da der Tarif zwischen Mitternacht und sechs Uhr morgens um die Hälfte mehr beträgt. Natürlich kann man Taxis reservieren, meist dauert es aber lang, bis sie kommen. Erkundigen Sie sich lieber, wo die nächste MRT-Station oder Bushaltestelle liegt.

6 Autofahren
Avis und Hertz vermieten hier zwar Wagen, es ist für Besucher aber nicht empfehlenswert, selbst zu fahren. Für Electronic Road Pricing (Maut) und Parken benötigt man Prepaid-Karten und Tickets. Neben dem hohen Verkehrsaufkommen sorgt die unberechenbare Fahrweise der Einheimischen bisweilen für Frust, ebenso die Parkplatzsuche. Der öffentliche Nahverkehr der Stadt ist zuverlässig, gar nicht teuer und daher sehr zu empfehlen.

7 Touts
Schwarzhändler und und Schlepper sind in Singapur illegal. Trotzdem begegnet man ihnen in manchen Shopping Malls an der Orchard Road und anderswo. Oft sind sie recht aggressiv. Es ist immer klug, auf eine internationale Garantie von Produkten zu achten. Das Singapore Tourism Board (siehe S. 107) betreibt Aufklärung und warnt Öffentlichkeit und Besucher der Stadt vor Händlern zweifelhaften Rufs.

8 Rauchen
In geschlossenen Räumen ist das Rauchen generell verboten. Das gilt auch für Restaurants und Kneipen. Einige Lokale mit Freiluftbetrieb bieten kleine Raucherbereiche. Auch in Warteschlangen am Taxistand – oder wo sonst mehr als fünf Leute anstehen – ist Rauchen nicht erlaubt. Zuwiderhandlungen werden mit bis zu 1000 S$ Strafe geahndet.

9 Drogen
Singapurs Drogengesetze sind äußerst streng: Jeglicher Import, Besitz und Genuss illegaler Betäubungsmittel steht unter Strafe. Im Fall von Drogenhandel – auch wenn die gefundene Menge diesen Tatbestand nur nahelegt – kann das sogar die Todesstrafe beinhalten. Da wird auch bei Ausländern keine Ausnahme gemacht.

10 Menschenmengen
An den Wochenenden füllen sich Shopping Malls und Attraktionen der Stadt mit einheimischen Familien, ausländischen Kindermädchen und Arbeitern, die ihren freien Tag genießen. Vor allem in Little India und Orchard Road sollte man dann auf Gedränge und lange Schlangen gefasst sein.

112

 Singapur ist eine der saubersten Städte der Welt, also werfen Sie bloß nichts auf die Straße. Auch Spucken stellt ein Vergehen dar.

Links **Hotelrezeption** Mitte **Halten Sie Münzen für Trinkgeld bereit** Rechts **Drinks in einer Bar**

TOP 10 Hotel- & Restaurant-Tipps

1. Hotelreservierung
Singapurs Hotels sind das ganze Jahr über gut besucht – buchen Sie also frühzeitig. Wer ohne Reservierung anreist, sollte sich an die Singapore Hotel Association wenden. Sie betreibt in den Ankunftshallen des Flughafens Changi rund um die Uhr Hotelreservierungsschalter (siehe S. 105).
⊗ *Singapore Hotel Association, 260 Tanjong Pagar Rd. (04–01/03)* • 6513-0233 • www.sha.org.sg

2. Hoteltarife
Zimmerpreise gelten in der Regel für ein Standard-Zimmer mit Frühstück, Zeitung und einigen weiteren Annehmlichkeiten. Manche internationalen Hotels bieten inzwischen eine sogenannte »best rate«, die von Dauer und Zeitpunkt Ihres Aufenthalts abhängt. In einigen Hotels gibt es Rabatte für Gäste, die keinen zusätzlichen Service beanspruchen.

3. Hauptsaison
Da in Singapur das ganze Jahr über geschäftliche Veranstaltungen und Messen stattfinden, gibt es keine ausgesprochene Hauptsaison. In den Monaten Juli und August werden die Geschäftsreisenden von einer wachsenden Zahl an Urlaubern abgelöst. Der größte Betrieb herrscht in Hotels auf jeden Fall zwischen Weihnachten und dem Chinesischen Neujahr. Entsprechend hoch sind in dieser Zeit dann auch die Zimmerpreise.

4. Langzeitaufenthalt
Hotels bieten meist verbilligte Langzeittarife. Einige Anbieter vermieten auch Apartments mit Service in unterschiedlichen Luxusgraden. Solche Ferienwohnungen verfügen meist über eine voll eingerichtete Küche samt Haushaltsgeräte. Gerade für Familien können Langzeitapartments eine gute Alternative sein.

5. Hotelsteuern & Trinkgeld
Hinter den Zimmerpreisen der Hotels steht manchmal »Plus, Plus« oder ein doppeltes Pluszeichen. Das bedeutet, dass zum angegebenen Preis noch zehn Prozent Servicegebühr und sieben Prozent Dienstleistungssteuer (GST) hinzukommen. Trinkgelder sind in Hotels kein Muss, trotzdem ist es nicht unüblich, dem Pagen 2 bis 5 S$ pro Gepäckstück zuzustecken.

6. Reservierung in Restaurants
In preiswerten Lokalen ist eine Reservierung meist gar nicht möglich. In einigen gehobeneren Restaurants sollte man dagegen unbedingt reservieren.

7. Essenszeiten
Die meisten Restaurants schließen zwischen Mittag- und Abendessen. Falls Sie zwischendurch hungrig werden, können Sie in der Cafeteria Ihres Hotels, einem Café, einem Hawker Center oder dem Food Court einer Mall essen. Auch westliche Fast-Food-Restaurants sind hier vertreten.

8. Restaurantsteuern & Trinkgeld
In fast allen Restaurants und Bars enthält die Rechnung bereits eine zehnprozentige Servicepauschale und sieben Prozent Steuer. Zusätzliches Trinkgeld ist in Singapur nicht üblich, es gilt jedoch nicht als unhöflich, ein paar Münzen für den Kellner auf dem Tisch liegen zu lassen. Trinkgeld, das Sie per Kreditkarte auf die Rechnung aufschlagen, erreicht den Kellner selten.

9. Etikette
Der Ausdruck »dress casual« (legere Kleidung) meint nicht etwa Shorts, Badeschlappen oder Trägerhemdchen. Dieser bei so manchen Anlässen geforderte Dresscode bedeutet vielmehr, dass Frauen ein Kleid bzw. Rock oder Hosen mit Bluse tragen sollten und die Männer zumindest lange Hosen und ein Hemd mit Kragen.

10. Wein & Spirituosen
Alkohol ist in Singapur ab 18 Jahren erlaubt. Er wird hoch besteuert, entsprechend teuer sind Drinks in Bars und Restaurants. Zollfrei darf man je einen Liter Schnaps, Bier und Wein oder Portwein einführen.

Restaurants in Singapur **siehe S. 58f**

Reise-Infos

Links **Hotelpool des Shangri-La** Mitte **Goodwood Park Hotel** Rechts **Suite im Raffles Hotel**

TOP 10 Luxushotels

1 St. Regis Singapore
Das exklusive St. Regis ist für seinen superben Butlerservice berühmt. Die wahrhaft luxuriösen Zimmer haben handbemalte Wandverkleidungen, Designerpolstermöbel, edelste Bettwäsche und französische Marmorbäder. Die Einrichtungen umfassen Fitness-Center, Spa und Dachpool.
◎ Karte S3 • 29 Tanglin Rd. • 6506-6888 • www. starwoodhotels.com/stregis • $$$$$

2 Ritz-Carlton, Millenia Singapore
Dieses Hotel mit bestem Service suchen wegen der Nähe zu den Messegelände und Central Business District vor allem hochkarätige Geschäftsleute auf. Aufenthaltsräume und Zimmer sind mit moderner Kunst bestückt, die Marmorbäder mit riesigen Badewannen.
◎ Karte P2 • 7 Raffles Avenue • 6337-8888 • www. ritzcarlton.com • $$$$$

3 Shangri-La Hotel
Mit seinen ausgedehnten Grünanlagen ist das Hotel eine Oase in der Stadt. Gästen stehen drei Arten der Unterbringung zur Wahl: klassisch elegante Zimmer im Valley Wing, urbane Ferienanlagen im Garden Wing und moderne Zimmer im Tower Wing. ◎ Karte A3 • 22 Orange Grove Rd. • 6737-3644 • www. shangri-la.com • $$$$

4 Four Seasons
Das 20-stöckige Gebäude liegt nur wenige Schritte vom Botanischen Garten entfernt. Die Zimmer sind kleiner als üblich, dafür aber charmant gestaltet und mit bequemen Betten ausgestattet. Sein Restaurant One-Ninety bietet einen köstlichen Sonntagsbrunch.
◎ Karte A4 • 190 Orchard Boulevard • 6734-1110 • www.fourseasons.com • $$$$$

5 Raffles Hotel
Das Raffles ist pure Romantik und Nostalgie. Die Zimmer sind im Stil der 1930er Jahre gestaltet. Preisgekrönte Restaurants und die zentrale Lage erhöhen den Reiz. ◎ Karte M1/N1 • 1 Beach Rd. • 6337-1886 • www. raffles.com • $$$$$

6 Mandarin Oriental
Das Foyer des eleganten Hotels zeigt glänzenden schwarzen Marmor und klassisch-asiatisches Interieur. Es liegt nahe der Konferenzzentren und dem Central Business District. ◎ Karte N2 • 5 Raffles Avenue • 6338-0066 • www.mandarinoriental. com • $$$$$

7 Fullerton Hotel
Die ehemalige Hauptpost Singapurs ist heute ein elegantes Wahrzeichen. Die Zimmer haben hohe Decken und große Fenster. Die hochmodernen Kommunikationseinrichtungen und Arbeitsbereiche sind ideal für Geschäftsreisende.
◎ Karte M3 • 1 Fullerton Sq. • 6733-8388 • www. fullertonhotel.com • $$$$$

8 Amara Sanctuary Resort, Sentosa
Dieses Resort-Hotel entwickelte sich aus einer ehemaligen Militärbaracke aus den 1930er Jahren. Es verbindet tropische Kolonialarchitektur mit zeitgemäßer Einrichtung. Das Spa ist herrlich, ebenso der Dachpool mit Meerblick. ◎ Karte S3 • 1 Larkhill Rd., Sentosa • 6825-3888 • www.amara sanctuary.com • $$$

9 Fairmont Hotel
Das Schwesterhotel des Raffles verfügt über moderne Zimmer, deren Bäder mit Regenwaldduschen und gläsernen Ablageflächen ausgestattet sind. Das hoteleigene Willow Stream Spa ist das größte der Stadt (siehe S. 54). ◎ Karte M1/M2 • 80 Bras Basah Rd. • 6339-7777 • www. fairmont.com • $$$$

10 Goodwood Park Hotel
Der älteste Flügel des Goodwood ist denkmalgeschützt und barg einst den Teutonia-Club (siehe S. 92). Die Gestaltung der Zimmer reicht von kolonial bis Resort-Stil. Die Restaurants sind ganz hervorragend. ◎ Karte B3 • 22 Scotts Rd. • 6737-7411 • www.goodwoodparkhotel. com • $$$

 Wenn nicht anders angegeben, akzeptieren alle Hotels Kreditkarten und bieten Zimmer mit Bad und Klimaanlage.

Preiskategorien

Preis für ein Doppelzimmer pro Nacht mit Frühstück (falls inklusive), Steuern und Service.	$	unter 100 S$
	$$	100–200 S$
	$$$	200–300 S$
	$$$$	300–400 S$
	$$$$$	über 400 S$

Pool des Singapore Marriott Hotel

TOP 10 Business-Hotels

Reise-Infos

1 Singapore Marriott Hotel
Der pagodenartige Turm des Marriott Hotel bietet einen herrlichen Blick auf die Stadt. Die Zimmer verfügen über luxuriöse Betten, große Schreibtische und ausgezeichnete Kommunikationseinrichtungen. Das Hotel bietet zudem ein hervorragendes Café und zwei sehr beliebte Nachtclubs.
◉ Karte B4 • 320 Orchard Rd. • 6735-5800 • www.marriott.com • $$$$$

2 Grand Hyatt
Die Rezeption dieses Hotels ist vom Eingang aus nicht einsehbar. Während die »Grand Rooms« etwas größer sind, bieten die Zimmer im Terrace-Wing helle Arbeitsplätze mit Internet-Zugang und Unterhaltungseinrichtungen. ◉ Karte B4 • 10 Scotts Rd. • 6738-1234 • www.singapore.grand.hyatt.com • $$$$$

3 Sheraton Towers
Das am Rand des Central Business District gelegene Sheraton Hotel ist ein beliebter Veranstaltungsort für private und geschäftliche Feiern. Der Service ist äußerst professionell, insbesondere der Butlerservice. Die »Cabana Rooms« blicken auf den Dachterrassen-Pool, die Suiten stehen unter verschiedenen Mottos. ◉ Karte C2 • 39 Scotts Rd. • 6737-6888 • www.sheratonsingapore.com • $$$$

4 Pan Pacific
Im größtem Hotel Singapurs belegt allein das Business-Center mit Büros, Konferenzräumen und einer Lounge mit Fachpersonal ein ganzes Stockwerk. Preisgekrönte Restaurants bieten indische, japanische und kantonesische Küche.
◉ Karte N2 • 7 Raffles Boulevard • 6336-8111 • www.panpacific.com • $$$$

5 InterContinental
Das über eine Reihe Shophouses aus der Vorkriegszeit erbaute Hotel hat diese Gebäude absorbiert und zeigt in seiner Gesamtgestaltung einheimischen Stil. Es liegt zwar nicht ganz zentral, aber direkt an einer MRT-Station nahe dem Suntec Convention Center.
◉ Karte G5 • 80 Middle Road • 6338-7600 • www.singapore.intercontinental.com • $$$$

6 M Hotel
Eines der wenigen internationalen Businessclass-Hotels im Finanzdistrikt Shenton Way richtet sich entsprechend an Geschäftsreisende, die zum Arbeiten herkommen. Wochenendgäste erhalten Preisnachlässe.
◉ Karte K6 • 81 Anson Rd. • 6224-1133 • www.m-hotel.com • $$$

7 Crowne Plaza Changi Airport
Singapurs erstes internationales Business-Hotel am Flughafen liegt nicht so weit vom Zentrum, dass sich kleine Ausflüge dorthin nicht lohnen würden. Es befindet sich nahe der Singapore Expo sowie dem Industriegebiet East Coast, das zum Flughafen Changi gehört.
◉ Karte V2 • 75 Airport Boulevard • 6823-5300 • www.crowneplaza.com • $$$$

8 Marina Mandarin
Das um ein luftiges Atrium erbaute Business-Hotel ist mit der Shopping Mall Marina Square verbunden. Die Zimmern bieten einen umwerfenden Blick auf die Bucht.
◉ Karte N2 • 6 Raffles Boulevard • 6845-1000 • www.marina-mandarin.com.sg • $$$

9 Conrad Centennial
Für Geschäftsreisende liegt das Conrad ideal. Zwei Türme bieten Zimmer mit hochmodernen Kommunikationseinrichtungen. Zudem gibt es ein Business-Center mit Konferenzräumen. ◉ Karte N2 • 2 Temasek Boulevard • 6334-8888 • www.conradhotels.com • $$$$$

10 Hilton Singapore
Das Hilton, Wahrzeichen der Orchard Road, liegt nur wenige Schritte von den besten Einkaufszentren der Stadt entfernt. Einige Zimmer blicken auf den Park der thailändischen Botschaft.
◉ Karte A4 • 581 Orchard Rd. • 6737-2233 • www.singapore.hilton.com • $$$$

➤ Hotel-Tipps **siehe S. 113**

115

Links **Sentosa Resort & Spa** Mitte **YMCA International House** Rechts **Orchard Parade Hotel**

TOP 10 Familienhotels

Rasa Sentosa Resort
Sentosas einziges Strandhotel ist für Familien sehr attraktiv, da hier für Kindern viel geboten ist. Es gibt Pool, Spielplatz und nebenan die Underwater World *(siehe S. 50)*. Alle Zimmer haben Balkon mit Aussicht auf Fort Siloso oder Hafen. ◊ *Karte S3 • 101 Siloso Rd. • 6235-1666 • www.shangri-la.com • $$$$*

Siloso Beach Resort
Die Glaswände der Anlage eröffnen eine herrliche Aussicht auf den Strand. Zum Meer sind es nur ein paar Schritte. Neben den Zimmern des Hauptgebäudes stehen für Gäste Villen mit ein oder zwei Schlafzimmern bereit. Die Freizeitanlagen sind toll, der Pool hat sogar einen Wasserfall. ◊ *Karte S3 • 51 Imbiah Walk, Sentosa • 6722-3333 • www.silosobeachresort.com • $$$*

Sentosa Resort & Spa
Das luxuriöse Anwesen, von üppigem Grün und tropischen Fischteichen umgeben, birgt das preisgekrönte Spa Botanica *(siehe S. 55)* und ist bei Paaren und Familien beliebt. Alle Zimmer haben Plasmafernseher, die meisten auch Gartenblick. Das Cliff Restaurant serviert fantastischen Fisch. ◊ *Karte S3 • 2 Bukit Manis Rd. • 6275-0331 • www.thesentosa.com • $$$$*

Treasure Resort, Sentosa
Die einstmals britischen Baracken bieten heute Zimmer mit kolonialem Flair, hohen Decken und Balkon oder Terrasse. Die Anlage befindet sich direkt neben dem Bahnhof Imbiah, sodass man mit dem Sentosa Express *(siehe S. 27)* schnell aufs Festland gelangt. ◊ *Karte S3 • 23 Beach View • 6271-2002 • www.treasure-resort.com • $$$*

YMCA International House
Von allen YMCAs Singapur hat das International House mit Abstand die beste Lage – nur wenige Minuten vom National Museum, anderen historischen Sehenswürdigkeiten und der Orchard Road entfernt. Es bietet zudem ein Café, einen Pool und ein Fitness-Center. Die Unterkünfte reichen von Vierbettzimmern bis zu Familiensuiten. ◊ *Karte E6 • 1 Orchard Rd. • 6235-2498 • www.ymcaih.com.sg • $$$*

YWCA Fort Canning Lodge
Das YWCA liegt nicht weniger ideal als das YMCA. Die geräumigen, gut ausgestatten Zimmer und Familiensuiten bieten Aussicht auf Pool oder Park. Es gibt hier Tennisplatz, Waschsalon und sehr freundliches Personal. ◊ *Karte E6 • 6 Fort Canning Rd. • 6338-4222 • www.ywcafclodge.org.sg • $$$*

Parkroyal
Das Hotel nahe der Arab Street bietet gute Ausstattung zu vernünftigen Preisen. Die Zimmer – es gibt auch zusammenhängende – sind schlicht bis langweilig, aber der riesige Dachpool ist ein Hit, vor allem für Kinder. ◊ *Karte H5 • 7500 Beach Rd. • 6505-5666 • www.parkroyalhotels.com • $$$*

Orchard Parade Hotel
Für die tolle Lage ist das Hotel erstaunlich günstig. Es bietet seinen Gästen einen Pool, Waschsalon und Familienstudios mit eigenen Wohn- und Essbereichen. ◊ *Karte A4 • 1 Tanglin Rd. • 6737-1133 • www.orchardparade.com.sg • $$$*

Fraser Place
Gäste, die länger als eine Woche bleiben, wohnen hier in gut ausgestatteten Ein-, Zwei- oder Dreibett-Apartments am Meer. Es verfügt über Spielplatz und Pool, ein Supermarkt und Cafés liegen ganz in der Nähe. ◊ *Karte J2 • 11 Unity St. • 6736-4800 • www.frasershospitality.com • $$$$$*

Fraser Suites
Wie sein Schwesterhotel bietet auch dieses Haus Langzeitgästen luxuriöse Apartments mit Küche sowie einen Pool und einen Spielplatz. ◊ *Karte S3 • 491a River Valley Rd. • www.frasershospitality.com • $$$$$*

 Wenn nicht anders angegeben, akzeptieren alle Hotels Kreditkarten und bieten Zimmer mit Bad und Klimaanlage.

Preiskategorien

Preis für ein Doppel-		
zimmer pro Nacht	**$**	unter 100 S$
mit Frühstück (falls	**$$**	100–200 S$
inklusive), Steuern	**$$$**	200–300 S$
und Service.	**$$$$**	300–400 S$
	$$$$$	über 400 S$

Poolbereich des Holiday Inn Park View

TOP 10 Preiswerte Hotels

Reise-Infos

Hotel Bencoolen
Nur wenige Schritte von der Orchard Road und Little India entfernt ist das Bencoolen eine gute Wahl. Die Zimmer sind mit Fernseher und Kaffeemaschine ausgestattet. Das Frühstücksbüfett ist westlichen Stils. Auf dem Dach findet sich ein kleiner Pool.
✆ *Karte F5* • *47 Bencoolen St.* • *6336-0822* • *www.hotelbencoolen.com* • *$$$*

Hotel Grand Central
Nirgendwo sonst in der Stadt wohnen Sie für diesen Preis in derart guter Lage. Die Ausstattung ist nicht gerade üppig, doch so nahe an der Orchard Road will man sowieso nicht viel Zeit im Hotel verbringen. ✆ *Karte D5* • *22 Cavenagh Rd.* • *6737-9944* • *www.grandcentral.com.sg* • *$$*

RELC International Hotel
Dieses Hotel bietet eine Kombination aus guter Lage und ordentlicher Ausstattung zu günstigen Preisen. Die Auswahl an Zimmern ist nicht groß, aber alle verfügen über Balkon, Kabelfernsehen, Kühlschrank und Kaffeeküche. Das inbegriffene Frühstück ist nichts Besonderes, aber nur zehn Minuten entfernt wartet die Orchard Road mit diversen Köstlichkeiten.
✆ *Karte A2* • *30 Orange Grove Rd.* • *6885-7888* • *www.relcih.com.sg* • *$$*

Robertson Quay Hotel
Die Lage entspricht der der Fraser Suites, doch hier wohnen Sie deutlich günstiger. Zimmer und Bäder sind sehr einfach und klein, die besten und ruhigsten weisen auf den Fluss. Auf dem Dach gibt es einen kleinen Pool mit Bar. Zu den Restaurants und Bars am Robertson Quay ist es nicht weit.
✆ *Karte J2* • *15 Merbau Rd.* • *6735-3333* • *www.robertsonquayhotel.com.sg* • *$$*

Lloyd's Inn
Das schlichte Lloyd's ist eher Motel als Hotel. Die Einrichtungen sind spärlich und es gibt auch keinen Pool. Aber die Lage ist hervorragend und für die Nähe zur Orchard Road überraschend ruhig. ✆ *Karte D6* • *2 Lloyd Rd.* • *6737-7309* • *www.lloydinn.com* • *$$*

Strand Hotel
Das Strand wirkt absolut nicht wie ein Billighotel. Die großen bunten Zimmer umfassen auch Luxus- und Familienzimmer für bis zu sieben Personen. ✆ *Karte F5* • *25 Bencoolen St.* • *6338-1866* • *www.strandhotel.com.sg* • *$$*

The Inn at Temple Street
Mitten im denkmalgeschützten Gebiet Chinatowns nimmt dieses preisgekrönte Hotel fünf restaurierte Shophouses ein. Die Zimmer sind klein und moderner Komfort wird hier nicht gerade großgeschrieben, aber das Haus besitzt Charme. ✆ *Karte K4* • *36 Temple St.* • *6221-5333* • *www.theinn.com.sg* • *$$*

Peninsula Excelsior Hotel
Dank der Fusion von Excelsior und Peninsula genießt man hier doppelte Ausstattung und zwei Pools. Buchen Sie ein Zimmer zur Marina Bay – eine bessere Aussicht zu diesem Preis finden Sie nie. ✆ *Karte L2* • *5 Coleman St.* • *6337-8080* • *www.ytchotels.com.sg* • *$$$*

Holiday Inn Park View
Das Hotel ist zwar nicht das allergünstigste, hat aber große Zimmer mit Kühlschrank und Kaffeemaschine. Der Service ist sehr gut, das Frühstücksbüfett in Ordnung. Es gibt Pools für Kinder und für Erwachsene. ✆ *Karte C4* • *11 Cavenagh Rd.* • *6733-8333* • *www.holidayinn.com* • *$$$*

Summer View Hotel
Das günstige Hotel ist von Attraktionen umgeben. Es gibt keinen Pool, aber Kabel-TV, Internet und Kaffeemaschinen. Gefrühstückt wird im Thai-Restaurant. ✆ *Karte F5* • *173 Bencoolen St.* • *6338-1122* • *www.summerviewhotel.com.sg* • *$$$*

Hotel-Tipps **siehe S. 113**

Links **Hotelrestaurant des Berjaya** Mitte **Zimmer im Naumi Hotel** Rechts **Foyer des Scarlet Hotel**

TOP 10 Boutique-Hotels

1 The Scarlet Hotel
Mit Samt, Seide und Satin, maßangefertigten Möbeln und glänzenden Lackaccessoires bietet das Scarlet ein Fest für die Sinne. Die Suiten sind behaglich, die Standard- und De-luxe-Zimmer winzig. ❈ *Karte K5 • 33 Erskine Rd. • 6511-3333 • www.thescarlethotel.com • $$$*

2 New Majestic Hotel
Hier wurde jedes Zimmer von einem einheimischen Designer oder Künstler ausgestaltet – mit zum Teil skurrilem Ergebnis. Das Haus ist auch eine angesagte Adresse für Cocktails und moderne chinesische Küche.
❈ *Karte J5 • 31–37 Bukit Pasoh Rd. • 6511-4700 • www.newmajestichotel.com • $$$$*

3 Link Hotel
Das einzigartige Art-déco-Anwesen entsprang Singapurs erstem Projekt für staatlichen Wohnungsbau. Es steht in einem bezaubernden alten Vorort nahe Chinatown. Die Einrichtung aus Teakholz zeigt ethnische Anklänge.
❈ *Karte T3 • 50 Tiong Bahru Rd. • 6622-8585 • www.linkhotel.com.sg • $$$*

4 Hotel 1929
Ein hübsch restauriertes Shophouse birgt dieses kleine Hotel mitten in Chinatown. Elegantes modernes Design sorgt für Helligkeit und eine gewisse Weitläufigkeit, die Zimmer sind jedoch klein. Das Ember Restaurant ist preisgekrönt. ❈ *Karte J4 • 50 Keong Saik Rd. • 6347-1929 • www.hotel1929.com • $$$*

5 Albert Court Hotel
Das gemütliche kleine Hotel ist mit Peranakan-Textilien, geschnitzten Holzmöbeln und traditionellen Bodenfliesen zauberhaft nostalgisch eingerichtet. Die Ausstattung ist nicht sehr üppig, dafür bietet das Café eine hervorragende Auswahl an beliebten ortstypischen Gerichten. ❈ *Karte F4 • 180 Albert St. • 6339-3939 • www.albertcourt.com.sg • $$*

6 Gallery Hotel
Dieses Hotel ist das erste in Singapur, das moderne künltlerische Gestaltung zur Schau stellt. In den Zimmern sorgen leuchtende Farben und postmoderne Architektur für Blickfänge. Das gläserne Kragdach mit dem Pool ragt weit in die Straße hinein. ❈ *Karte J2 • 1 Nanson Rd. • 6849-8686 • www.galleryhotel.com.sg • $$*

7 Naumi Hotel
Das vornehme Haus in zentraler Lage ist zum einen Boutique-Hotel – klein, behaglich und familiär – und zum anderen Business-Hotel mit Butlerservice rund um die Uhr. Die Ausstattung der Zimmer und Gästeeinrichtungen setzt auf modernste Technologie und schnittiges Design. ❈ *Karte G6 • 41 Seah St. • 6403-6000 • www.naumihotel.com • $$$$*

8 Berjaya Hotel
Einige umgebaute Shophouses bergen dieses Hotel, das versteckt in den malerischen Gassen von Chinatown liegt. Es besitzt entsprechend viel Charme, aber eben auch nur wenige Gästeeinrichtungen. Die kleinen Zimmer sind in europäischem Stil gestaltet.
❈ *Karte K5 • 83 Duxton Rd. • 6227-7678 • www.berjayahotels-resorts.com • $$$$*

9 The Keong Saik Hotel
Ein weiteres Hotel in umgestalteten Shophouses bietet Gästen kleine, sparsam möblierte Zimmer mit gepflegten Hartholzboden. Aus von Stuck umrahmten Fenstern blickt man auf eine hübsche Gasse Chinatowns.
❈ *Karte J4 • 69 Keong Saik Rd. • 6223-0660 • www.keongsaikhotel.com.sg • $$*

10 Royal Peacock Hotel
Die Gegend ist für Traditionshotels wie das Keong Saik bekannt. Das Royal Peacock ist ähnlich, nur sind die Zimmer in dunkleren Farben gehalten. Buchen Sie ein Zimmer mit Fenster – nicht alle haben eines. ❈ *Karte J4 • 55 Keong Saik Rd. • 6223-3522 • www.royalpeacockhotel.com • $$*

 Wenn nicht anders angegeben, akzeptieren alle Hotels Kreditkarten und bieten Zimmer mit Bad und Klimaanlage.

Lounge des InnCrowd Backpackers' Hostel

Preiskategorien

Preis für ein Doppelzimmer pro Nacht mit Frühstück (falls inklusive), Steuern und Service.	
$	unter 100 S$
$$	100 – 200 S$
$$$	200 – 300 S$
$$$$	300 – 400 S$
$$$$$	über 400 S$

TOP 10 Hostels & Gästehäuser

Reise-Infos

1 Perak Hotel
Die freundlichen Mitarbeiter an der Rezeption sorgen in dem kleinen Gästehaus für heimelige Atmosphäre. Die Zimmer sind tadellos und haben ein winziges Bad. Frühstück wird im familiären Foyer-Café serviert. ✆ Karte F4 • 12 Perak Rd. • 6299-7733 • www.peraklodge.net • $$

2 Backpacker Cozy Corner Guest House
Neben Schlafsälen gibt es hier auch Einzel- und Doppelzimmer. Sie sind klein, einfach und haben auch kein eigenes Bad. Zur Ausstattung gehören Internet, Wäscheservice, Miniküche und Sonnenterrasse. ✆ Karte G5 • 490 North Bridge Rd. • 6339-6128 • www.cozycornerguest.com • $

3 hangout@mt. emily
Das für imagebewusste Budgetreisende konzipierte Haus hat kleine, spartanische, aber helle Schlafräume mit originellem Touch. Es gibt auch Einzel- und Doppelzimmer mit eigenem Bad. ✆ Karte E4 • 10a Upper Wilkie Rd. • 6438-5588 • www.hangouthotels.com • $$

4 Hive Backpackers' Hostel
Dieses Hostel liegt nicht unbedingt zentral, ist aber sauber und sicher. Außer den klimatisierten Schlafsälen bietet es auch Doppelzimmer, einige sogar mit eigenem Bad. Das Frühstück ist im Preis enthalten. In der Lounge gibt es Kabelfernsehen und kostenloses Internet. ✆ Karte G2 • 624 Serangoon Rd. • 6341-5041 • www.thehivebackpackers.com • $

5 InnCrowd Backpackers' Hostel
Das Hostel ist sehr gut geplant, geräumig und entsprechend beliebt. Die klimatisierten Schlafsäle und Privatzimmer sind von schicken Waschräumen, kleinen Küchen, einer preiswerten Kneipe, Internet-Einrichtungen und einer Reisebibliothek umgeben. Auf dem Dach gibt es eine Sonnenterrasse. ✆ Karte F4 • 73 Dunlop Street • 6296-9169 • www.the-inncrowd.com • $

6 Sleepy Sam's
In schöner ruhiger Lage in Kampong Glam findet sich in einem altmodischen Gebäude dieses reizende Gästehaus. Es bietet Schlafsäle und private Zimmer, Lounge, Café, Internet-Zugang, Kochnische und Frühstück. Rundherum gibt es zahlreiche Nachtcafés. ✆ Karte H5 • 55 Bussorah St. • 9277-4988 • www.sleepysams.com • $

7 Summer Tavern
Die Lage des Hostels ist großartig: Chinatown, Clarke Quay, Boat Quay und Colonial District sind bequem zu Fuß zu erreichen. Es gibt Schlafsäle und Privatzimmer mit Gemeinschaftsbad, Schließfächer, kostenloses Internet und Frühstück. ✆ Karte L3 • 31 Carpenter St. • 6535-6601 • www.summertavern.com • $

8 Bugis Backpackers
Das Bugis ist sehr einfach, verfügt aber dennoch über klimatisierte Schlafsäle und Zimmer, eine kleine Küche und einen Waschsalon. ✆ Karte G5 • 162b Rochor Rd. • 6338-5581 • www.bugisbackpackers.com • $

9 Fernloft Backpacker Hostel
Dieses Gästehaus liegt herrlich mitten in Chinatown. Es bietet Schlafsäle und Zimmer mit Gemeinschaftsbad. Seine Besitzer betreiben auch ein schönes, ruhig gelegenes Hostel an der East Coast. ✆ Karte K4 • Block 5 Banda St. • 6323-3221 • www.fernloft.com • $

10 Prince of Wales
Das POWs – wie es bei den Einheimischen heißt – ist eine beliebte und trendige Bar mit Biergarten, in der oft einheimische Bands auftreten. Das Haus bietet zudem angemessene Schlafsäle und Zimmer. Junge Gäste, denen das Partymachen über das Schlafen geht, sind hier genau richtig. ✆ Karte F4 • 101 Dunlop St. • 6299-0130 • www.pow.com.sg • $

➤ Hotel-Tipps siehe S. 113

Textregister

Fett gedruckte Seitenzahlen beziehen sich auf Haupteinträge

A
Abdul Gafoor Mosque 76
Abstecher **96–101**
  Ein Tag außerhalb der Stadt 99
  Restaurants 101
  Vororte 100
Acid Bar 63
Ah Teng's Bakery 24, 25
Al-Abrar Mosque 68
Albert Court Hotel 118
Ali, Sultan 76
Altazzag Egyptian Restaurant 77, 83
Amara Sanctuary Resort, Sentosa 114
Anderson, Patrick 31
Ann Siang Hill Park 69
Annalakshmi 71
Anreise **105**
ANSA Picture Framing & Art Gallery 80
Ansteckende Krankheiten 110
Antique Pavilion 72
Apartments 113
Apotheken 110
Arab Street 76
Araber 33
Arabische Gemeinde 33, 74
Architektur **34f**
ARTrium@MICA 47, 88
ARTSingapore 45
Asian Civilisations Museum 11, 34, 36, 85, 87
Attraktionen für Kinder **50f**
Au Jardin 59
Ausländische Einwohner 33
Autofahren 105, 106, 112
Autovermietungen 106
Ayurlly Ayurvedic Spa 55

B
Baba-Nyonya *siehe* Peranakan
Backpacker Cozy Corner Guest House 119
Bahnreisen 105
Balcony Bar 61
Ballet Under the Stars 45
Banken & Geldautomaten 109
Bars & Lounges **60f**
Basharahil Brothers 82
Battle Box 40, 85
Beachvolleyball 51
Bee Cheng Hiang 73
Behinderte Reisende 107
Bel Amis SPA de Feng 55
Bellini Grande 63
Berjaya Hotel 118
Berufsverkehr 112
Betelnüsse 80
Billigflieger 105, 108
Bin House 93, 94
Bistro Petit Salut 101
Blue Ginger 71
Blumengirlanden 80
Boat Quay 11
Botschaften 110
British East India Company 30
Buddha Tooth Relic Temple 69
Bugis Backpackers 119
Bugis Street Night Market 88
Bugis-Gemeinde 74
Bukit Chandu 40
Bukit Timah Nature Reserve 43, 97
Bumboats 10, 111
Burgess, Anthony 25
Business Centres 109
Busreisen 105, 106
Bussorah Mall 14, 77, 81
Butter Factory 63

C
Café del Mar Singapore 61
Café Le Claire 81
Cathay Photo 88
Cathedral of the Good Shepherd 38
Cavenagh Bridge 10
Century 10 Ayurvedic Therapy 80
Challenger 88
Changi Chapel & Museum 40
Changi International Airport 105, 106
Changi Museum 37, 40
Changi Point 100
Changi Prison 37, 40, 41
Chaplin, Charlie 25
Chatterbox 93, 95
Chauffeurdienste 106
Chek Jawa 43
Chen Zhi Guang 13
Chevalier, Maurice 25
CHIJMES (Convent of the Holy Infant Jesus) 35, 37, 87
Chilli Padi 101
Chinatown **66–73**
  Ein Tag in Chinatown 69
  Restaurants 71, 73
  Shopping 72, 73
Chinatown Complex 57, 72
Chinatown Food Street 57
Chinatown Heritage Centre 37, 68, 69
Chinatown Night Market 70, 72
Chinatown Pedestrian Mall 68, 69
Chinatown Seal Carving 72
Chinese Garden & Japanese Garden 42, 97, 99
Chinese Theatre Circle 70
Chinese Weekly Entertainment Club 73
Chinesen in Singapur 32
  siehe auch Chinatown
Chinesische Kultur **70**
Chinesisches Damespiel 70
Chinesisches Neujahr 12, 44
Chingay Parade 44
Chomp Chomp 56
Chong Hock Girls' School 13

120

Textregister

Ci Yan Organic Health Food 71
City Hall & Supreme Court 34, 86
Civilian War Memorial 41
Clarke Quay 11
Clavell, James 31
Club Chinois 58
Club Street 73
Clubs & Discos **62f**
Coastes 26
Coleman, G.D. 34, 78
Colonial District **84–89**
  Ein Tag im Colonial District 87
  Restaurants 89
  Shopping 88
Conrad Central 115
Conrad, Joseph 25, 31
Convent of the Holy Infant Jesus (CHIJMES) 35, 37, 87
Cosler, Charles 25
Coward, Noel 25
Crazy Elephant 60
Crossroads Café 92f
Crowne Plaza Changi Airport Hotel 115
Crystal Jade Palace 95

D
Da Paolo il Ristorante 71
Da Wei Arts n Crafts 70
Dampschifffahrt 30
dbl O 62
DBS Arts Centre 46
Deepavali 16, 45
Dehydrieren 112
Dempsey Hill 100
DFS Galleria 94
Diebstahl 110
Discos 62f
Doc Cheng's 58
Dolphin Lagoon 51
Dragon Boat Festival 45
Dragonfly 63
Dresscode 113
Drogen 112
Dschunkenfahrten 111
DUCKtours 111

E
East Coast Lagoon Food Village 56
East Coast Park 43

Eco Lake 19
Elephants of Asia (Singapore Zoo) 20
Elgin Bridge 11
Emerald Hill Road 35, 91, 93
Empress Place Building 34, 85, 87
Equinox 89
Escape Theme Park 50
Esplanade – Theatres on the Bay 23, 35, 46
Estheva Spa 54
Etikette 113
  in chinesischen Tempeln 13
  in Hindu-Tempeln 17
  in Moscheen 15
Eu Yan Sang Clinic for Acupuncture 70
Eu Yan Sang Clinic for Traditional Medicine 70
Eurasier 33
Events 45
eXplorerKid Family Park 50
EZ Link Cards 106

F
Fähren 105
Fahrradfahren 51, 106
Fairmont Hotel 114
Far East Plaza 49
Farrell, J.G. 31
Fashion Gallery 9
Feiertage 109
Fernloft Backpacker Hostel 119
Fernsehen 107
Feste 12, 44f
Film 9, 45, 47, 93, 108
Film & Wayang Gallery 9
Financial Centre 23
Flugreisen 105, 108
Flutes at the Fort 89
Food Courts 56f
Food Gallery 8, 9
Food Republic 57
Formel 1 SingTel Singapore Grand Prix 45
Fort Canning 30, 42, 85
Fort Canning Park 42, 85
Fort Pasir Panjang 40
Fort Siloso 27, 40
Four Seasons Hotel 114

Fraser Place 116
Fraser Suites 116
Frauen, alleinreisende 110
freier Eintritt 108
Führerschein 104
Fuji Reflexology Centre 70
Fuk Tak Chi Museum 73
Fullerton Hotel 114
Funan DigitaLife Mall 49, 87

G
Gallery Hotel 118
Gallery Theatre 9
Ganesh 17
Gardner, Ava 25
Gärten *siehe* Nationalparks & Gärten
Gästehäuser 119
Geister-Touren 111
Gelatissimo 22
Geld 104, 109
Geldautomaten 109
Geschichte 30f, 41
Gesundheit 104, 110
Geylang 23, 100
Ginger Garden 19
Glaspassage (National Museum) 8, 9
G-MAX Reverse Bungy 11
Godowns 10, 11, 66
Golden Mile Complex 81
Golf 27, 51
Goodwood Park Hotel 92, 114
Gotteshäuser **38f**
  Abdul Gafoor Mosque 76
  Al-Abrar Mosque 68
  Armenian Church 38
  Buddha Tooth Relic Temple 69
  Cathedral of the Good Shepherd 38
  Changi Chapel 40
  CHIJMES (Convent of the Holy Infant Jesus) 35, 37, 87
  Hajjah Fatimah Mosque 77
  Hong San See Temple 39
  Jamae Chulia Mosque 67, 69

Textregister

Fortsetzung Gotteshäuser
Kong Meng San Phor Kork See Temple 39
Lian Shan Shuang Lin Temple 98
Maghain Aboth Synagogue 39
Sakya Muni Buddha Gaya Temple 75, 77
Sri Mariamman Temple 67, 69
Sri Srinivasa Perumal Temple 75, 77
Sri Thandayuthapani Temple 39
Sri Veeramakaliamman Temple 7, **16f**, 75, 77
St Andrew's Cathedral 23, 34, 36, 87
Sultan Mosque 6, **14f**, 76f
Tan Si Chong Su Temple 39
Telok Ayer Chinese Methodist Church 39
Thian Hock Keng Temple 6, **12f**, 67, 69
Wak Hai Cheng Bio Temple 67
Grand Hyatt 115
Grand Shanghai 71
Great Singapore Sale 45
GST-Refund 109
Gtar Cultural & Arts Centre 72
Guan Yin **12**, 13
GX-5 Xtreme Swing 11

H
Haji Lane 81
Hajjah Fatimah Mosque 77
Halia 18, 101
Handlooms 82
Handys 109
hangout@mt.emily 119
Hari Raya Puasa 44
Harpley, Sydney 19
Harry's Bar, Boat Quay 60
Harry's, Dempsey Hill 60
Hassan's Carpets 94
Hauptsaison 113
Hawker Centres & Food Courts **56f**, 108
Heartlands Tour 111

Heeren Shopping Mall 93
Highlights in Singapur **6f**
Hilton Shopping Gallery 48, 94
Hilton Singapore Hotel 115
Hindus in Singapur 32
Historische Ereignisse **30f**
Hive Backpackers' Hostel 119
Hokkien 32
Holiday Inn Park View 117
Holland Village 100
Home 62
Hometown Restaurant 71
Hong San See Temple 39
Hotel 1929 118
Hotel Bencoolen 117
Hotel Grand Central 117
Hotels **114–119**
  Boutique-Hotels 118
  Business-Hotels 115
  Familienhotels 116
  Hostels & Gästehäuser 119
  Preiswerte Hotels 117
  Luxushotels 114
Hotel-Tipps 113
Hua Song Museum 37
Hua Song Museum 37
Hungry Ghost Festival 44
Hussein, Sultan 76

I
Images of Singapore (Sentosa) 26, 37
Imperial Herbal 101
Impfungen 104
In Singapur unterwegs **106**
Inagiku 59
Inder in Singapur 32
  siehe auch Little India
IndoChine Waterfront 10, 58
Indonesien 23
Information **107**
InnCrowd Backpackers' Hostel 119
Insomnia 62
InterContinental 115
Internet-Cafés 109
Iskandar Shah 30, 42, 84
Istana & Sri Temasek 35, 91, 93

Istana Kampong Glam 76, 77

J
Jacob Ballas Children's Garden 19
Jaggi's Northern Indian Cuisine 83
Jamae Chulia Mosque 67, 69
Jamal Kazura Aromatics 82
Japan 30f, 40f
Japanese Garden 42, 97
Jazz@Southbridge 60f
Jeyaretnam, Philip 31
Joaquim, Agnes 18, 38
Joe Arts & Crafts 72
Johor, Sultan von 14
Johore Battery 40
Joo Chiat 100
Jubilee Hall (Raffles Hotel) 25
Jubilee Theatre 46
Jugendherbergen 108, 119
Jungle Breakfast 20
Jurong Bird Park 51, 97, 99
Jurong Lake 42

K
Kali 16
Kallang River Basin 23
Kampong Glam 23
  siehe auch Little India & Kampong Glam
Kampong Glam erleben **81**
Kanufahren 51
Karten 107
Katong 23, 100
Kautschuk 30, 43
Keong Saik Hotel 118
Keppel Harbour 23
Keramat 30
Kinokuniya Singapore 48, 93, 94
Kipling, Rudyard 25
Kirchen *siehe* Gotteshäuser
Kleidung 104
Klima 104
Klimaanlagen 112
Komala Villas 83
Kommunikation 109

122

Konfuzius 13
Kong Meng San Phor Kork See Temple 39
Konsulate/Botschaften 110
Kranji War Memorial & Cemetery 41, 99
Krankenhäuser 110
Kreditkarten 109
Krokodilfarm 51
Kulturveranstaltungen 45, 108
Kulturzentren 46f
Kunstgalerien *siehe* Museen
Kupu Kupu 82

L

Labrador Park 40
Lau Pa Sat Festival Market 56
Lebensmittelsicherheit 110
Lee Hsien Loong 31
Lee Kuan Yew 31, 86, 98
Leeson, Nick 31
Lei Garden 89
Les Amis 95
Lian Shan Shuang Lin Temple 98
Lim Bo Seng Memorial 41
Lim, Catherine 31
Link Hotel 118
Literatur über Singapur **31**
Little India & Kampong Glam **74–83**
  Ein Tag in Little India & Kampong Glam 77
  Restaurants 83
  Shopping 80, 81, 82
Little India Arcade 77, 82
Little India erleben **80**
Lloyd's Inn 117
Long Bar (Raffles Hotel) 24
Long Beach Seafood 101
Loof 61
Lucky Plaza 49, 93
Lukisan Art Gallery 72

M

M Hotel 115
Ma Zu 12, 13
MacRitchie Nature Trail 43
Maghain Aboth Synagogue 39
Makansutra Glutton's Bay 57

Malaien in Singapur 32
Malay Heritage Centre 36, 77
Malaysia 23
Mandai Orchid Garden 99
Mandarin Oriental 114
Marina Bay 22
Marina Bay Sands 23
Marina Mandarin Hotel 115
Märkte
  Bugis Street
    Night Market 88
  Chinatown
    Night Market 70, 72
  Lau Pa Sat
    Festival Market 56
  Tekka Market 56, 82
  Wet Market 70
Marsh Garden 18
Maugham, Somerset 25
Maxwell Food Centre 56, 69
Maxwell, John Argyle 85
McCallum, Sir Henry 8
Medien 107
Melor's Curios 82
Meritus Mandarin Hotel Singapore 90, 93
Merlion 10
mezza9 95
MICA 47, 88
Mid-Autumn Festival 44
Mobiltelefone 109
Mona J. Boutique 81
Morton's of Chicago 58
Moscheen *siehe* Gotteshäuser
Mountbatten, Lord Louis 41
MRT (Mass Rapid Transit) 96, 106, 108
Mücken 110
Muddy Murphy's Irish Pub 61
Mumbai Se 94
Muruga 17, 44
Museen **36f**, 108
  Asian Civilisations Museum 11, 34, 36, 85, 87
  Battle Box 40
  Changi Museum 37, 40
  Chinatown Heritage Centre 37, 68, 69

Fuk Tak Chi Museum 73
Images of Singapore (Sentosa) 26, 37
Malay Heritage Centre 36, 77
National Museum of Singapore 6, **8f**, 36, 87
Peranakan Museum 36, 87
Raffles Hotel Museum 25
Red Dot Design Museum 73
Reflections on Bukit Chandu 40
Sculpture Square 47
Singapore Art Museum 36, 47, 87
Singapore City Gallery 68f
Singapore Philatelic Museum 87
Sun Yat Sen Nanyang Memorial Hall 37, 98
Museum Shop by Banyan Tree 88
Muslime in Singapur 32f
  siehe auch Kampong Glam
Muslimischer Friedhof 81
Mustafa Centre 76, 82, 108
Muthu's Curry 83
My Humble House 89

N

Nabins Experience Arabia 83
Nachtclubs 62f, 108
Naga Arts & Antiques 94
National Museum of Singapore 6, **8f**, 36, 87
National Orchid Garden 18, 42
Nationalfeiertag 45
Nationalparks & Gärten **42f**
  Ann Siang Hill Park 69
  Bukit Timah Nature Reserve 43, 97
  Chek Jawa 43
  Chinese Garden & Japanese Garden 42, 97

123

Textregister

Fortsetzung
Nationalparks & Gärten
East Coast Park 43
Fort Canning Park 42
Jurong Bird Park 51, 97, 99
Labrador Park 40
MacRitchie Nature Trail 43
Mandai Orchid Garden 99
National Orchid Garden 18, 42
Sentosa Nature Walk 27, 43
Singapore Botanic Gardens 7, **18f**, 42, 91
Sungei Buloh Wetland Reserve 43, 98
Naturereservate *siehe* Nationalparks & Gärten
Naumi Hotel 118
New Majestic Hotel 118
New Towns 96, 100
Newton Food Centre 56
Ngee Ann City 48, 92, 93
Night Safari 7, 20f, 97
Nine Emperor Gods 45
No. 5, Emerald Hill 60
Norris Road Coffee Shop 16
Notrufnummern 110

O
Öffentliche Verkehrsmittel 106, 108
Olathe 88
Old Parliament House 11, 23, 34, 46, 85, 87
One Rochester 61
Orang-Utans (Singapore Zoo) 21
Orchard Cineleisure 93
Orchard Parade Hotel 116
Orchard Road **90–95**
Ein Tag in der Orchard Road 93
Restaurants 95
Shopping 94
Orchideen 18, 42, 88
Original Sin 101

P
Padang 23, 41
Pan Pacific 115

Parkroyal 116
Parks *siehe* Nationalparks & Gärten
Pasir Ris 100
Patara Fine Thai 95
Peninsula Excelsior Hotel 117
Perak Hotel 119
Peranakan in Singapur 32
Peranakan Museum 36, 87
Peranakan Place 93
Peranakan-Tour 111
Percival, General 40, 41
Photography Gallery 9
Pierside Kitchen & Bar 59
Pillay, Narayana 67
Polizei 110
Post 109
Prego 89
Prince of Wales 119
Pyramid Dancer 81

Q
Quayside Seafood 89
Que Pasa 93

R
Radio 107
Raffles City Shopping Center 49
Raffles Culinary Academy 25
Raffles Gift Shop 25, 88
Raffles Grill 25, 58
Raffles Hotel 7, **24f**, 86, 87, 114
Raffles' Landing Site 10
Raffles, Sir Thomas Stamford 10, 30, 42, 66, 85
Ramadan 14
Rang Mahal 59
Rasa Sentosa Resort 116
Rauchen 112
Red Dot Design Museum 73
Regengüsse 112
Regenwald 19, 43
Reise-Infos **104–113**
Reisepass 104
Reisevorbereitung **104**
RELC International Hotel 117
Religiöse Feste **44f**
Rendezvous Restaurant 89

Restaurants **58f**
Chinatown 71
Colonial District 89
Little India & Kampong Glam 83
Orchard Road 95
Restaurant-Tipps 113
Ridley, Henry (»Mad Ridley«) 19
Rikschafahrten 111
Rishi Handicrafts 82
RISIS 88
Ritz-Carlton Millenia Singapore 114
Robertson Quay 11
Robertson Quay Hotel 117
Rollschuhfahren 51
Royal Peacock Hotel 118
Royal Selangor Pewter Centre 88
Rupee Room 63

S
Sabar Menanti Restaurant 77, 83
Sage The Restaurant 89
Sajeev Studio 80
Sakya Muni Buddha Gaya Temple 75, 77
Samy's Curry Restaurant 101
Sarabat Stall 81
Sarkies-Brüder 24, 38
Schwule & lesbische Besucher 107
Sculpture Square 47
Segeln 51
Seilbahn 27
Selvi's 80
Sentosa 7, **26f**
Sentosa 4D Magix 27
Sentosa Express 27
Sentosa Golf Club 27
Sentosa Luge & Skyride 26
Sentosa Nature Walk 43
Sentosa Resort & Spa 116
Serangoon Ladies Centre 80
Serangoon Road 75
Sergeant, John Singer 8
Shanghai Tang 94
Shangri-La Hotel 114

124

Shaw Foundation Amphitheatre 21
Sheraton Towers 115
Shophouses 34, 68, 76
Shopping Malls **48f**
Shopping 48f
  Chinatown 72
  Colonial District 88
  Little India & Kampong Glam 82
  Orchard Road 94
  Schnäppchen 108
  siehe auch Märkte
SIA Hop-on Bus 106, 108
Sicherheit & Gesundheit **110**
Siem Reap I 101
Siglap 100
Sikhs in Singapur 32
Siloso Beach 27
Siloso Beach Resort 116
Sim Lim Square 49
Singapore Art Museum 36, 47, 87
Singapore Arts Festival 45
Singapore Botanic Gardens 7, **18f**, 42, 91
Singapore City Gallery 68f
Singapore Crocodile Farm 51
Singapore Discovery Centre 50
Singapore Flyer 7, **22f**
Singapore Food Festival 45
Singapore Handicraft Centre 49
Singapore History Gallery 9
Singapore International Film Festival 45
Singapore Living Galleries 9
Singapore Marriott Hotel 115
Singapore Philatelic Museum 87
Singapore River 6, **10f**, 22
Singapore River Tours 111
Singapore Science Centre 50
Singapore Sling 24
Singapore Symphony Orchestra 18, 19, 34, 85

Singapore Tourism Board 107
Singapore Tyler Print Institute 47
Singapore Visitors Centre 107
Singapore Zoo & Night Safari 7, **20f**, 97, 99
Singapur für wenig Geld **108**
Singapur-Stein 9, 11
»Singlish« 33, 104
Siong Moh Trading 70
Skate Park 93
Sleepy Sam's 119
Snow City 51
Soup Restaurant 89
Southern Ridges 98f
Spa Botanica (Sentosa) 27, 55, 116
Spa Esprit im HOUSE 54
Spaboutique 55
Spas 27, 54f
Speakers' Corner 73
Spice & Herb Garden 19
Spice Grinding 80
Spice Tour 111
Splash Amphitheatre 21
Sport & Kultur-Events **45**
Sportarten **51**
Sprache 32f, 104
Sri Lakshmi Durgai 17
Sri Mariamman Temple 67, 69
Sri Periachi 17
Sri Srinivasa Perumal Temple 75, 77
Sri Thandayuthapani Temple 39
Sri Veeramakaliamman Temple 7, **16f**, 75, 77
St Andrew's Cathedral 23, 34, 87
St. Regis Singapore 114
Stadtführungen 111
Stamford Canal 92
Stätten des Zweiten Weltkriegs **40f**, 111
Statue von Raffles 84, 86
Steuer 109, 113
Straits Records 81
Straits-Chinesen *siehe* Peranakan
StraitsKitchen 95
Strand Hotel 117

Strände 26f, 42f, 56, 100
Straßenkünstler 93
Strom 104
StyleMart 82
Suezkanal 30
Sultan Mosque 6, **14f**, 23, 76f
Summer Pavilion 59
Summer Tavern 119
Summer View Hotel 117
Sun Yat Sen Nanyang Memorial Hall 37, 98
Sundial Garden 19
Sungei Buloh Wetland Reserve 43, 98
Supreme Court 23, 34, 86, 87
Swan Lake 19
Swan, Denis 14
Swettenham, Sir Frank 8
Symphony Lake 19
Synagogen *siehe* Gotteshäuser

T
Tai Chong Kok 73
Taj Authentic Indian Cuisine 71
Takashimaya 94
Tan House 35
Tan Si Chong Su Temple 39
Tan Tock Seng 12
Tandoor North Indian Restaurant 95
Tang, C. K. 90, 91
Tanglin Mall 92
Tanglin Shopping Centre 48
Tangs 91, 93, 94
Tanjong Beach 26
Tanjong Pagar 66
Tanzveranstaltungen 45, 46f
Tauchen 51
Taxis 105, 106
Taylor, Elizabeth 25
Tekka Market 56, 82
Telefon 109
Telefonnummern 109
Telok Ayer Chinese Methodist Church 39
Temasek 30
Tempel *siehe* Gotteshäuser

Textregister

125

Textregister

Teochew 32
Tepak Sireh Restoran 83
Thaipusam 44
The Arts House at Old Parliament House 46, 85
The Asian Spa 54
The Aspara 54f
The Banana Leaf Apollo 83
The French Stall 83
The Inn at Temple Street 117
The Line 95
The Oriental Spa 55
The Planet Traveller 88
The Rice Table 95
The Sanctuary 95
The Scarlet Hotel 118
The Substation 47
The Tea Chapter 70
The Yoga Shop 80
Theater & Kulturzentren **46f**
Themenparks 50f
Theroux, Paul 31
Thian Hock Keng Temple 6, **12f**, 67, 69
Thimithi 45
Tiandu Art Gallery 72
Tierwelt *siehe* Nationalparks & Gärten
Tiffin Room 89
Tiong Bahru 100
Toa Payoh 100
Tong Heng Confectionery 73
Touren 108, **111**
Ein Tag außerhalb der Stadt 99
Ein Tag in Chinatown 69
Ein Tag in der Orchard Road 93
Ein Tag in Little India & Kampong Glam 77
Ein Tag im Colonial District 87

Touts 112
Traditionelle Gerichte **57**
Treasure Resort (Sentosa) 116
Trinkgeld 113
Trinkwasser 110
Turnbull, C.M. 31

U
Überhitzung 112
Übernachten *siehe* Hotels
UDMC Food Centre 101
Unabhängigkeit 31
Underwater World (Sentosa) 26, 50
Universal Restaurant & Wine Bar 71

V
Vanda Miss Joaquim (Orchidee) 18, 38
Vansh 101
Vergnügungsparks 50f
Verkehrsmittel 105, 106
Victoria Theatre & Concert Hall 34, 46, 85
Visitors Centers 107
Visum 104
VivoCity 27, 48
Volksgruppen **32f**
Von Mücken übertragene Krankheiten 110
Vororte **100**
Vorsicht! **112**
Vorwahlnummern 109

W
Wahrsager 80
Währung 104, 109
Wak Hai Cheng Bio Temple 67
Wandern 51
Warren, Stanley 40
Wasserski 51
Wayan Retreat & Balinese Spa 81
Websites 107

Weihnachten 45
Wein & Spirituosen 113
Weiterreise 105
Wellness-Oasen **54f**
Wet Market 70
Wild Wild Wet 50
Willow Stream Spa 54
Windsurfen 51
Woodlands 100
World Gourmet Summit 45
Wörter auf »Singlish« **33**
Writer's Bar (Raffles Hotel) 25

X
Xin Jing Jing Restaurant 73

Y
Yamashito, General 41
YMCA International House 116
Youth Park & Skate Park 93
Yue Hwa Chinese Emporium 72, 73
Yum Cha 71
YWCA Fort Canning Lodge 116

Z
Zam Zam 83
Zeit 104
Zeitungen 107
Zensur 107
Zinn 30
Zirca 62
Zoll 104
Zoo *siehe* Singapore Zoo
Zouk 62
Zu Fuß gehen 106
Zweiter Weltkrieg 30f, 37, 40f, 99
Zweiter Weltkrieg in Singapur **41**
Zwischenlandung 105

Danksagung & Bildnachweis

Autoren

Susy Atkinson ist Autorin und freie Journalistin. Sie hat große Teile Asiens bereist und Beiträge zu mehreren Reiseführern verfasst. Derzeit lebt sie in Singapur.

Jennifer Eveland hat 13 Jahre in Asien verbracht, mehr als zehn davon in Singapur. Seit über zehn Jahren unterstützt sie eine Reihe von Publikationen mit Beiträgen über Themen wie Reise, Mode, Finanzen und Politik.

Publisher
Douglas Amrine

List Manager
Christine Stroyan

Managing Art Editors
Mabel Chan,
Sunita Gahir

Senior Editor
Sadie Smith

Project Editors
Justine Montgomery,
Ros Walford

Project Designer
Nicola Erdpresser

Senior Cartographic Editor
Casper Morris

Senior Cartographer
Suresh Kumar

Cartographers
Stuart James,
Schchida Nand Pradhan

Picture Researcher
Ellen Root

Picture Research Assistant
Rhiannon Furbear

DTP Operator
Natasha Lu

Production Controller
Sarah Howitt

Photographer
Tony Souter

Additional Photography
Rough Guides / Simon Bracken

Fact Checker
Jenny Tan

Bildnachweis
o=oben; ol=oben links; om=oben Mitte; or=oben rechts; m=Mitte; ml=Mitte links; mr=Mitte rechts; mu=Mitte unten; mlo=Mitte links oben; u=unten; ul=unten links; um=unten Mitte; ur=unten rechts.

Wir haben uns bemüht, alle Urheber zu ermitteln und zu nennen. Sollte dies in einzelnen Fällen nicht gelungen sein, so bitten wir, dies zu entschuldigen. In der nächsten Auflage dieses Buches werden wir die versäumten Nennungen nachholen.

DORLING KINDERSLEY dankt folgenden Personen, Institutionen und Bildbibliotheken für die freundliche Genehmigung zur Reproduktion ihrer Fotografien:

Danksagung & Bildnachweis

Joy Ruth Bloch 19om.

ACID BAR: 62ol.

ALAMY: dbimages 1m.

ASPARA SPA: 54mr.

CORBIS: Bettmann 31ol.

DRAGONFLY: 62or

ESTHEVA, The Grand Esthetics Spa: 54ul.

FSTOP Pte Plt., Singapore: 110ol.

MANDARIN ORIENTAL HOTEL GROUP: 54ul.

MASTERFILE: R Ian Lloyd 32ol.

NATIONAL MUSEUM OF SINGAPORE: 6mlo, 8mlo, 8m, 8um, 9ol, 9ul, 9mr, 84ol.

PHOTOLIBRARY: Geoffery Clive 78f; Corbis/Picture Net/Collection – Spirit 102f; Chad Ehlers 64f; Manfred Gottschalk 4f; Ingo Jezierski 18f m, 28f; JTB Photo 18ur; The Print Collector 30or.

RAFFLES HOTEL: 25um.

SPA BOUTIQUE: 55or.

WILDLIFE RESERVES SINGAPORE: 19om, 20cmlo, 20f m, 21mr, 21mu, 21ul.

ZOUK: 63or.

UMSCHLAG:
Vorderseite: DK Images: Rough Guides/Simon Bracken mu; Tony Souter ul; Masterfile: David Mendelsohn Hauptbild.
Rücken: DK Images: Tony Souter u.
Rückseite: DK Images:
Tony Souter om, ol, or.

Druck der Verkehrsnetzkarte mit freundlicher Genehmigung der Singapore Land Transport Authority.

Alle anderen Bilder
© Dorling Kindersley.

Weitere Informationen unter **www.dkimages.com**